이어령의 머리말 모음
책 한 권에 담긴 뜻

이어령의 머리말 모음

책 한 권에 담긴 뜻

이어령 지음

국학자료원

차례

제1부		
뿌리의 언어	흙 속에 저 바람 속에	010
	푸는 문화 신바람의 문화	014
	한국인의 손 한국인의 마음	018

제2부		
불꽃의 언어	저항의 문학	022
	지성의 오솔길	025
	오늘을 사는 세대	027
	통금시대의 문학	029
	아들이여 이 산하를	032

제3부		
젊음의 언어	눈을 뜨면 그때는 대낮이어라	036
	젊음이여 어디로 가는가	038
	떠도는 자의 우편번호	042
	거부하는 몸짓으로 이 젊음을	048
	젊음의 탄생	051

제4부 **바람의 언어**	하나의 나뭇잎이 흔들릴 때	058
	차 한 잔의 사상	060
	저 물레에서 운명의 실이	063
	지성채집	069
	그래도 바람개비는 돈다	091
	어머니와 아이가 만들어가는 세상	095
	어머니를 위한 여섯 가지 은유	097
제5부 **바다의 언어**	서양에서 본 동양의 아침	102
	서양의 유혹	104
	바람이 불어오는 곳	109
	세계문학에의 길	111
	세계지성과의 대화	122

제6부		
생명의 언어	말 속의 말	128
	천년을 달리는 아이	132
	문화코드	133
	유쾌한 창조	135
	80초 생각나누기	138
	생명이 자본이다	140

제7부		
영혼의 언어	어느 무신론자의 기도	148
	지성에서 영성으로	151
	빵만으로는 살 수 없다	156
	우물을 파는 사람	161
	딸에게 보내는 굿나잇 키스	164
	의문은 지성을 낳고 믿음은 영성을 남는다	168
	이어령, 80년 생각	171

해설 - 일곱 가지 언어로 만들어낸 성채(星彩/城砦)　　　178
홍래성(서울시립대학교 의사소통교실 객원교수)

일러두기 ─────────────

1) 이 책은 이어령이 쓴 에세이 성격의 책을 대상으로 서문들을 엄선한 것이다.
2) 서문들은 주제별로 분류했으며 가급적 출간연도를 고려하여 배치했다.
3) 표기는 한글표기를 원칙으로 하되 일부 어려운 단어에는 한자를 병기하였으며 잘못된 단어 및 외국어 표기, 띄어쓰기 등은 현대의 맞춤법 방식으로 수정했다.

"나는 한국인을 보았다.
천년을 그렇게 살아온
나의 할아버지와 할머니의
뒷모습을 만난 것이다,
쫓기는 자의 뒷모습을."

— 『흙 속에 저 바람 속에』 中에서

제1부 ──────────────── **뿌리의 언어**

1963. 현암사

흙 속에 저 바람 속에

이 책에 대해 어떤 설명이 더 필요할까. 영원한 베스트셀러이자 스테디셀러이다. 단행본으로 나온 뒤 여지껏 국내에서만 100만 부가 훨씬 넘게 판매되었으며, 지금도 꾸준히 판매되고 있다. 일본, 미국을 비롯해 여러 나라에 번역 출판되기도 했으며, 컬럼비아 대학교에서 동양학 연구 자료로 활용되기도 했다.

풍경 뒤에 있는 것

그것은 지도에도 없는 시골길이었다. 국도에서 조금만 들어가면 한국의 어느 시골에서나 볼 수 있는 그런 길이었다. 황토와 자갈과 그리고 이따금 하얀 질경이꽃들이 피어 있었다. 붉은 산모퉁이를 끼고 굽어 돌아가는 그 길목은 인적도 없이 그렇게 슬픈 곡선을 그리며 뻗어 있었다(시골 사람들은 보통 그러한 길을 「마차길」이라고 부른다).

그때 나는 그 길을 지프로 달리고 있었다. 두 뼘 남짓한 운전대의 유리창 너머로 내다본 나의 조국은, 그리고 그 고향은 한결같이 평범하고 좁고 쓸쓸하고 가난한 것이었다. 많은 해를 망각의 여백 속에서 그냥 묻어두었던 풍경들이다.

이지러진 초가의 지붕, 돌담과 깨어진 비석, 미루나무가 서 있는 냇가, 서낭당, 버려진 무덤들, 그리고 잔디, 아카시아, 말풀, 보리밭…… 정적하고 단조한 풍경이다.

거기에는 백로의 날갯짓과도 같고, 웅덩이의 잔물결과도 같고, 시든 나뭇잎이 떨어지는 것 같고 그늘진 골짜기와도 같은 그런 고요함이 있었다. 그러나 그것은 폐허의 고요에 가까운 것이다. 향수만으로는 깊이 이해할 수도 또 설명될 수도 없는 정적함이다.

아름답기보다는 어떤 고통이, 나태한 슬픔이, 졸린 정체^{停滯}가 크나큰 상처처럼, 공동처럼 열려져 있다. 그 상처와 공동을 들여다보지 않고서는 거기 그렇게 펼쳐져 있는 여린 색채의 풍경을 진정으로 이해할 수가 없을 것이다.

위확장^{胃擴張}에 걸린 시골 아이들의 불룩한 그 배를 보지 않고서는, 광대뼈가 나온 시골 여편네들의 땀내를 맡아보지 않고서는, 그리고 그들이 부르는 노래와 무심히 지껄이는 말솜씨를 듣지 않고서는 그것을 알지 못할 것이다.

지프가 사태진 언덕길을 꺾어 내리받이 길로 접어들었을 때 나는 그러한 모든 것을 보았던 것이다.

사건이라고도 부를 수 없는 사소한 일, 또 흔히 있을 수 있는

제1부 뿌리의 언어

일이었지만 그것은 가장 강렬한 인상을 가지고 가슴속으로 스며들었다.

앞에서 걸어가고 있던 사람들은 늙은 부부였다. 클랙슨 소리에 놀란 그들은 곧 몸을 피하려고는 했지만 너무나도 놀랐었던 것 같다. 그들은 갑자기 서로 손을 부둥켜 쥐고 뒤뚱거리며 곧장 앞으로만 뛰어 달아나는 것이다.

고무신이 벗겨지자 그것을 다시 집으려고 뒷걸음친다. 하마터면 그때 차는 그들을 치일 뻔했던 것이다. 이것이 그때 일어났던 이야기의 전부다.

불과 수십 초 동안의 광경이었고 차는 다시 아무 일도 없이 그들을 뒤에 두고 달리고 있었다. 운전수는 그들의 거동에 처음엔 웃었고 다음에는 화를 냈다. 그러나 그것도 순간이었다. 이제는 아무 표정도 없이 차를 몰고만 있을 뿐이다.

그러나 나는 모든 것을 역력히 기억할 수 있었다. 그리고 그 잔영殘影이 좀처럼 눈앞에서 사라지질 않았다.

누렇게 들뜬 검버섯의 그 얼굴, 공포와 당혹의 표정, 마치 가축처럼 무딘 몸짓으로 뒤뚱거리며 쫓겨가던 그 뒷모습, 그리고……그리고 그 위급 속에서도 서로 놓지 않으려고 꼭 부여잡은 메마른 두 손……북어 대가리가 꿰져 나온 남루한 봇짐을 틀어잡은 또 하나의 손……벗겨진 고무신짝을 집으려던 그 또 하나의 손……떨리던 손…….

 나는 한국인을 보았다. 천년을 그렇게 살아온 나의 할아버지와 할머니의 뒷모습을 만난 것이다. 쫓기는 자의 뒷모습을.

 그것은 여유있게 차를 비키는 아스팔트 위의 이방인처럼 세련되어 있지 않다. 운전수가 뜻없이 웃었던 것처럼 그들의 도망치는 모습은 꼭 길가에서 놀던 닭이나 오리떼들이 차가 달려왔을 때 날개를 퍼덕거리며 앞으로 달려가는 그것과 다름없는 것이었다.

 악운과 가난과 횡포와 그 많은 불의의 재난들이 소리없이 엄습해 왔을 때에 그들은 언제나 가축과도 같은 몸짓으로 쫓겨가야만 했던 것일까? 그러한 표정으로, 그러한 손길로 몸을 피하지 않으면 아니되었던가?

 우리의 피부빛과 똑같은 그 흙 속에, 저 바람 속에 우리의 비밀, 우리의 마음이 있다.

1984. 갑인출판사

푸는 문화 신바람의 문화

『서양에서 본 동양의 아침』(범서출판사, 1971)과 "한국과 한국인" 시리즈(삼성출판사, 1968) 중 『노래여 천년의 노래여』, 『생활을 창조하는 지혜』에 수록된 글들을 묶어서 출판한 책이다. 1장은 반년이 넘는 서양에서의 체험을 바탕 삼아 동양(한국)이 지닌 가능성을 찾는 내용으로, 2장과 3장은 시조를 통해 한국의 특징을 찾는 내용으로 각각 구성되어 있다.

동양을 찾는 초혼가

동양은 어디에 있는가? 도시계획으로 헐려 나가는 저 눈물 같은 기와집들, 혹은 그 주춧돌 밑에 있는가. 까치가 그 둥우리를 치는 어느 고목 나무뿌리 밑에 잠들어 있는가. 비각(碑閣) 속에 있는가. 추녀 밑에 있는가. 아스팔트가 깔리지 않은 황톳길 언덕 너머에만 그것은 머물러 있는가. 징검다리가 있는 냇물인가. 오뉴월 햇볕 속에서 사금파리처럼 번득이는 조약돌 틈 사이에 끼어있는가.

동양은 어디에 있는가? 항아리 속에 있는가. 학과 거북이와 사슴과… 십장생도가 그려져 있는 장롱 속, 한 번도 입어보지 못한 혼수감처럼 그것은 개켜져 있는가. 나프탈린 냄새가 아니라면, 석유 냄새가 아니라면, 석탄이 타는 그을음 냄새도 아니라면 사향 박하의 잊혀진 그 냄새 속에서 떠도는가. 천자문 책갈피에 접혀 있는 냄새인가. 늦가을의 서리, 국화의 향기인가.

  동양은 어디에 있는가? 바다의 표면이 아니라 잠수함이 이를 수 없는 깊고 깊은 바다 속, 그 구름 같은 용궁 속인가. 수호지 같은 산적들이 사는 깊고 깊은 산채 속에 동양은 있는가. 인경 소리가 그치고 난 그 정적 속에 있는가. 초상집의 곡성 속에 있는가. 기침 소리 속에 있는가. 짚신을 끄는 소리, 다듬이질 소리, 두견새 소리, 풍경 소리나 놋그릇 소리, 비단옷이 구겨지는 소리, 약탕기에서 물이 끓어오르는 소리, 한밤중에 노젓는 소리, 빗장을 지르는 소리—

  화약이 터지고 강철이 마멸하고 피댓줄이 돌아가는 그 부산한 폭음들에 압도되고 압도되는 그 많은 소리 속에 깔려 있는가. 들키면 큰일이 나는 은밀한 속삭임 소리 속에 동양은 있는가.

  동양은 어디에 있는가? 갈매기의 비행·두루미의 비상·굴러가는 구름 속인가, 골짜구니의 안개 속인가. 수염을 쓰다듬는 할아버지의 손길 속에 있는가. 옷고름을 매는 어머니의 엄지손가락 속에 있는가.

  동양은 어디에 있는가? 어느 놀에 있는가. 저녁놀인가, 아침

놀인가. 그것은 자물쇠인가, 열쇠인가. 작별 인사인가, 만나는 인사인가.

　어머니 아버지, 우리는 동양이 어디에 있는지 모릅니다. 우리에게 같은 피부의 빛깔을 주시고 이름을 지어 주듯이, 그것은 그냥 주어지는 것이 아니었지요. 말씀하지 마십시오. 그런 것은 알고 있어요. 옛날옛적에 돌아가신 할아버지 할머니를 만나기 위해서 우리는 병풍을 쳤지요.

　아침을 보내고 대낮을 보내고 저녁이 지나기를 기다렸지요. 깜깜한 밤중에만 돌아가신 영혼은 사립문 안으로 들어오신다고 하셨지요. 제사날에만 쓰는 그 촛대를 잘 압니다. 그날 밤에만 피우는 향합과 향로도 잘 압니다. 베옷을 입으셔야지요. 젯밥을 지으셔야죠. 떠나버린 선조를 만나기 위해서 우리는 제사를 지냈습니다.

　동양은 그렇게 망령처럼 오시는 겁니까. 돌아가신 사람처럼 병풍을 쳐야 우리들 곁으로 다시 오는 것입니까.

　제사를 지내듯이, 무당이 초혼 굿을 하듯이 그렇게 해서 찾아내는 동양은 싫습니다. 마고자 단추 같은, 그런 동양은 없어도 좋습니다. 옛날 할아버지의 얼굴로 돌아오는 동양의 망령이 아니라, 내 어린 것들처럼 새로운 생명으로 태어나는 동양의 모습을 찾아보고 싶습니다. 병풍과 촛불 밑으로 몰래 다가오는 환각이 아니라, 돌상을 차려놓고 기다리면 아장아장 걸어오는 그 어린 생명의 모습으로 그것은 우리 곁으로 찾아와야 합니다.

우리는 동양이 어디에 있는지 모릅니다. 넓은 비행장의 활주로에 우뚝 서 있는 동양의 모습을 우리는 모릅니다. 공장 굴뚝 위에 앉아 있는 학처럼 매연 속에서 깃을 치는 그 동양을 모릅니다. 숱한 상품이 실려 나오는 부둣가의 하역장에서, 명아주 지팡이를 짚고 당당히 걸어 나오는 장자莊子를 모릅니다. 네온사인을 압도하는 불상의 미소를, 강철의 무기 위에 군림하는 춘향의 십장가十杖歌를 우리는 모릅니다. 제사를 지내는 동양밖에 아는 것이 없습니다.

어머니 아버지, 서양으로 갑니다. 빗장을 열어 놓은 지 백년이나 그 바람은 불어 왔지요. 봉숭아 씨앗에게까지 묻어 있는 그 바람의 냄새가 이제는 돼지우리 안에서도 풍겨 나옵니다. 빈 트렁크를 들고 서양으로 갑니다. 동양을 찾으러 서양으로 갑니다. 풍선처럼 터지고 또 터지는 우리들의 영혼을 찾기 위해서 뒷걸음치는 것이 아니라 앞을 향하여 가겠습니다.

동양은 어디에 있는가?

콩코르드 광장 십간대로十間大路 위에서 외쳐 봅니다. 로마의 군사들이, 십자군들이, 나폴레옹의 포병들이 행진하던 그 길목에서, 동양은 어디에 있는가 하고 무당처럼 초혼가를 부릅니다.

제1부 뿌리의 언어

1996. 디자인하우스

한국인의 손 한국인의 마음

옛 조상들이 남겨 놓은 생활용품을 통해 한국의 참모습을 조명해보고자 한 책이다. 가위, 맷돌, 수저, 장독대 등을 단순한 도구가 아니라 삶의 감동을 주는 조형물로 바라보았다. 이러한 독특한 시선은 이어령만의 트레이드 마크(trademark)가 아닐 수 없다.

태초의 사람들은 하늘에 흩어져 있는 별들을 그냥 바라보지는 않았다. 북두칠성처럼 별과 별을 이어서 하나의 별자리를 만들어냈다. 그리고 그 모습 속에 견우직녀와 같은 아름다운 이야기를 적어 넣었다. 말하자면 별을 만들어낸 것은 하늘이지만 별자리를 만들어낸 것은 사람의 마음이다. 그렇기 때문에 하늘의 별들은 똑같지만, 별자리와 그 전설의 이야기들은 민족과 나라에 따라 다 달라진다. 자기로부터 몇천 광년 떨어진 별빛을 가지고도 별자리를 그려낸 사람들이 어떻게 자기와 가장 가까운 물건들, 일상의 나날 속에서 자기와 함께 생활해온 물건들에 대하여 무관심할 수 있었겠는가. 하루도 아닌 몇백 년 몇천 년의 역사를 함께 살아온 그 도구들에게 어떻게 실용적인 의미만이 새겨져 있다고 생각할 수 있겠는가.

밥 먹을 때 쓰는 젓가락 하나, 옷 입을 때 매는 옷고름 자락 그리고 누워서 바라보는 대청마루의 서까래—한국인들이 사용해온 물건들 하나 하나에는 한국인의 마음을 그려낸 별자리가 있는 것이다. 실용적인 도구이기 전에 그것은 삶을 바라보는 그들의 시각과 그 느낌을 표현하는 언어로서 존재한다. 한 마디로 그것들은 서명되어 있지 않은 디자인이며 조각이며 책이다.

이 책은 바로 한국의 영상과 한국인의 마음의 별자리를 읽으려는 욕망, 그리고 그 읽기의 새로운 시도 속에 쓰여진다.

옛것을 다시 읽는 독서의 자유와 그 쾌락을 알고 있는 사람들, 문화의 암호문을 해독하기 위해서 끝없는 혼신 속에서 모험을 되풀이하는 사람들, 그리고 사물의 시학을 통해서 한국인의 마음이나 그 영상의 차이를 식별하는 사람들에게 있어서 이 책은 가장 도전적인 텍스트가 될 것이다.

"이 꼬불꼬불한 오솔길에서
이 방황이 끝날 때까지
나는 좀 더 조용한 시각을 가져야겠다."

― 『지성의 오솔길』 中에서

제2부 불꽃의 언어

1959. 경지사 ──────────── **저항의 문학**

이어령의 첫 평론집이다. 수록된 모든 글에서 기성세대의 문학에 대한 저항적인 태도가 여실히 감지된다. 「화전민지대」(《경향신문》. 1957. 1. 11~12)를 비롯한 일종의 선전포고문들이 한 챕터를 이루고, 「현대작가의 책임」(《자유문학》. 1958. 4)을 위시한 사르트르식 실존주의에 관한 담론들이 한 챕터를 이루며, 그 외 1956년부터 1958년까지의 연평(年評)들이 한 챕터를 이루는 구성을 띠고 있다.

외로움 속에 계속되는 문학적 저항

『저항의 문학』은 내 첫 번째 문학평론집으로 1959년에 출간되었다. 같은 세대로 화단에서 전위적인 작업을 하고 있던 박서보 화백이 표지 장정을 했고, 역시 젊은 세대가 경영하는 거의 무명에 가까웠던 경지사에서 간행된 것이다.

내 초기 문학비평은 기성세대에 대한 분노와 저항으로 시작되었다. 대학을 졸업하던 해 《한국일보》에 처음 기고한 우상의 파괴는 지금 읽어보아도 알 수 있듯이 문학 에세이도 시평도 매니페스토manifesto도 더더구나 무슨 문학 비평도 아니다.

일종의 선전 포고문이었던 것이다. 젊은 문학도의 몸짓이고 시선이고 숨소리를 그냥 적은 것이다. 그런데도 그것이 그렇게 큰 반향을 일으키고 또 그것이 계기가 되어 문학비평을 직으로 삼게 된 것은 단지 '저항'이라는 혹은 '참여'라는 단어 때문이었을 것 같다.

레지스탕스resistance나 유격대의 무기는 보잘것없다. 정규군과는 다른 방식으로 무장을 하고 전투를 한다. 『저항의 문학』에 발표된 글들은 정상적인 논리나 전통적인 수사학으로 무장되어 있지 않으며 그런 전략으로 상대를 공략하지도 않는다. 그래서 지금 읽어보면 조금은 우스꽝스럽고 낯이 뜨거운 글들도 많다. 평화로운 시대에 유격대원의 남루한 사진을 보는 느낌과 같을 것이다.

그런데도 나는 지금도 문학의 정규군에 가담할 생각을 하지 않고 있다. 정규군의 문학이란 리지티머시legitimacy를 지닌 무슨 문학단체 혹은 어떤 이념을 위해 모인 특정한 유파들의 문단 세력의 조직화된 문학을 의미한다. 그런 점에서 나는 문학의 주류가 되기를 거부하고 늘 우상의 파괴를 지향해온 문학 편에 서려고 했다. 순수 문학이 문단을 지배할 때 나는 반순수 문학 이른바 참여 문학을 주창했고, 거꾸로 민중이나 참여가 대세를 이룰 때 나는 그와 정반대되는 문학의 순수성을 위한 이론을 폈다.

특히 이번 개정 개장판에 실린 평문 가운데 4·19 직후의 문단을 보면서 《동아일보》에 기고한 글「저항 문학의 종언」을 주의 깊게 읽어주었으면 한다. 2000자 안팎의 짧은 시평이지만 그 글은 왜 내가 처음의 저항 문학, 참여 문학의 기치를 내리고 신비평이나 기호학 등의 문학구조 분석비평으로 눈을 돌렸는지를 암시해 주는 랜드마크 landmark와 같은 글이기 때문이다.

첫 평론집의 경우처럼 저항의 대상만이 바뀌었을 뿐 나의 문학적 저항은 외로움 속에서 계속되고 있다.*

---

* 1959년 경지사 판 『저항의 문학』 서문은 "사랑하는 그리고 증오하는 모든 사람들에게"라는 한 구절로 이루어져 있어 2003년 문학사상사 판의 서문을 수록함.

1960. 동양출판사

지성의 오솔길

1956년부터 1960년까지 신문 및 잡지에 발표한 여러 글들을 추려낸 책이다. 수상집(隨想集)이라는 이름 아래 다양한 성격의 글들이 모여 있으나, 이 중에서도 핵심은 저 유명한 「우상의 파괴」(《한국일보》, 1956.5.6)를 비롯하여, 「조롱을 여시오」(《경향신문》, 1958.10.15), 「대화정신의 상실」(《연합신문》, 1958.12.10) 등과 같은 기성세대를 겨냥한 비판적 언설 형태의 글이라고 할 수 있다.

  조금 슬프다는 이유로, 조금 괴롭다는 이유로, 조금 심심하다는 이유로 사람들은 가끔 흰종이 위에 낙서를 한다.
  그것이 때로는 소설이 되기도 하고 시가 되기도 한다. 그러나 그런 이름조차 붙이기 어려운 글들이 있다. 그래서 사람들은 수상隨想이라는, 좀 애매하고도 또 편리한 말을 발견해 낸 것이다.
  일찌기 수상이라는 편리한 말이 있었기 때문에 나는 여기 30여 편의 글을 묶어 한 책을 꾸밀 수 있었다. 참 고마운 일이다.
  그러나 필요 이상의 겸손을 나는 좋아하지 않는다. 비록 여기에 모아 놓은 글들이 하나의 낙서라는 것을 자인하고는 있지만 그것을 스스로 천대하고 싶지도 않다.

호소하고 싶은 것들을 그저 호소하였을 따름이다. 가장 조용한 시각에 나는 이 글을 썼다. 들어줄 사람이 없어도 좋았다. 그저 하나의 통곡처럼, 분노처럼 쓰기만 했다. 특히 1부의 「수인영가囚人靈歌」와 같은 산문이 그런 것들이다.

그리고 그것은 참된 내일의 지성을 찾아 방황하는 고독한 길목 속에서 우연히 생겨난 부산물들이기도 한 것이다.

그래서 이 소책을 이름하여 『지성의 오솔길』이라고 하였다.

앞으로 이 오솔길이 어떠한 것으로 뻗어나갈는지 모르겠다. 혹은 낭떠러지로, 혹은 왕양한 바다로, 혹은 도시의 큰 대로로……, 그러나 나는 원하고 있다. 언젠가는 광활한 곳으로 가야 한다는 것을 원하고 있다.

이 꼬불꼬불한 오솔길에서 이 방황이 끝날 때까지 나는 좀 더 조용한 시각을 가져야겠다.

생각하고 그리고 쓸 것이다.

1963. 신태양사 ──────────── 오늘을 사는 세대

《경향신문》에 1963년 3월 25일부터 1963년 5월 25일까지 연재한 에세이를 묶어낸 것으로, 전후세대 전반에 관한 언급으로 시작하여, 미국의 비트족, 영국의 앵그리 영맨, 프랑스의 J3, 독일의 PS 등을 설명한 다음, 한국의 현 세대에 대해 간략히 스케치하는 것으로 전체적인 구성이 이뤄져 있다. 그 제목처럼 '오늘을 사는 세대'를 살핌으로써 '현대'를 파악해보고자 한 책이다.

현대의 「푸로필」을 그리고 싶었다.

사람의 뒷모습을 보면 언제나 슬픈 생각이 든다. 축 늘어진 어깨, 이지러진 뒤통수와 주름진 목덜미…… 어딘지 비극적으로만 보여진다.

그러나 사람을 정면에서 쳐다보면 언제나 증오와 불안이 앞선다. 많은 비밀을 간직한 듯한 입술, 배신의 칼날을 품은 눈동자, 그리고 불완전한 나선형의 귀…… 사람을 정면에서 보면 무엇인가 도전의 감정을 일으키게 한다.

사람의 뒷모습에는 과거가 있고 그 정면에는 현재가 있다. 감상적인 과거와 불안한 현재가…….

그리하여 언제부터인가 나는 뒷모습도 앞모습도 아닌 푸로필(옆얼굴)을 좋아하는 습속을 가지게 되었다. 푸로필…… 거기에서 나는 과거에서 미래로 향한 동적인 모습을 느꼈던 것이다.

거기에는 부정과 긍정이, 애상과 환희가 겹쳐져 있다. 아무리 미운 사람도 그의 「푸로필」만은 사랑할 수 있을 것 같다.

그러므로 나는 현대의 초상을 그리는 데 있어서도 완전히 돌아서 버린 그 뒷모습이나 불안하기만 한 정면의 얼굴을 그리지 않았다.

이 작은 책자에서 내가 소묘한 것은 현대의 「푸로필」이다. 과거에서 미래로 뻗은 과도적인 그 얼굴, 반쪽난 얼굴의 그 윤곽에서 차라리 나는 많은 가능성을 찾아볼 수 있었기 때문이다. 그것은 또한 나의 조그만 변명이기도 하다.

정면에서 현대를 파헤치거나 그렇지 않으면 과거의 시대를 송두리째 결산해 버리는 본격적인 논문은 실상 쓸 능력도 나에겐 아직 없다.

1966. 삼중당

통금시대의 문학

『저항의 문학』은 출판사를 바꿔가면서 여러 차례 수정, 증보 출판이 이뤄졌는데, 이 책은 그중의 하나이다. 이 책과 관련해서는 야간통행금지제도에 대한 비판을 염두에 둔 제목이 일단 인상적이거니와, 무엇보다 기존의 『저항의 문학』에는 수록되지 않았던 「사월의 문학론」(원제는 「문학과 역사적 사건—4·19를 예로—」)이 추가되었다는 데서 큰 의미를 찾을 수 있다.

  당신은 알 것이다. 지금 내가 당신에게 갈 수 없다는 것을. 그리고 또 나는 알 것이다. 지금 당신이 내게로 올 수 없다는 것을……. 그때 우리는 말할 것이다. 「밤입니다. 지금은 통행이 금지된 시각. 녹슨 철조망처럼 어둠이 낙하하는 시각. 길은 사람의 발자국 소리를 감시할 겁니다」라고. 술집들의 창문이 닫치는 것을 볼 것이다. 오 분 전의 아슬한 시간 위에서 초조하게 서두르는 그 얼굴들을 볼 것이다. 시장의 천막들이 걷치는 소음과 침묵으로 말려 들어가는 침울한 발걸음 소리들을 들을 것이다. 우리는 통금시대에서 살고 있다. 차단된 거리에서 젊음과 사랑을 작별한 그런 시대의 사람들이다.

그러기에 우리들의 시와 그 언어들은 초원을 산책하는 휘파람 소리는 아니다. 오수午睡의 하품 같은 것도 아니며, 분수가의 명상도 아니며, 토요일 밤의 잡담도 아니며, 거울 앞에서 외출복을 입는 몸짓도 아니며, 뜨개질과, 유모차와, 꽃병과, 낡은 추억의 사진첩과 동창회의 명부를, 그리고 안락의자에 놓인 쿠션이 얼마나 쾌적한가를 염려하던 사연들이 아니다.

통금시대의 인간들이 그리워하는 것들은, 그리고 모색하고 발굴해야 할 그 정신의 언어들은 내가 당신에게로, 당신이 내게로 자유로이 드나들 수 있는 비밀의 통행로이다. 빗장이 걸린 정문 앞에서 노크하는 것이 아니라, 기다리는 것이 아니라, 비상구를 찾는 돌파의 미학이다. 누구인가를 향해서 걸어 가는 사람들의 발자국 소리를 위해서, 열려진 창들을 축복하기 위해서, 철조망 같은 어둠의 가시에 도전하는 불꽃 같은 언어들이다.

우리는 평화의 초원이 아니라 통금시대의 어둠 속에서 글을 썼다. 내가 당신들을 찾고, 그리고 당신들이 내게로 걸어올 그 방문의 시각이 박탈된 통금시대 속에서 어떤 언어를 선택해야 할 것을 나는 배워야 했다. 그리하여 인간이 인간을 향해서 걸어가는 그 보행의 리듬을, 시의 운율로 삼아야 했다. 침묵의 길목에서, 다시 인간의 발자국 소리를 들어야 할 것은 문학의 희망으로 알았다.

그러므로 여기에 실린 문학의 소론들은 모두가 통금이라는 현대의 그 상징적 상황 속에서 어떻게 인간과 인간이 교통할 수 있는가? 어떻게 우리는 우리의 방문을 위해서 창문을 열어야 하는가? 하는 문학의 모럴들을 찾아 보려고 애쓴 것들이다.

만고^{萬苦} 행복한 시대가 온다면, 이 문학의 에세이들을 나는 서슴치 않고 불살라야 할 것이다. 그러나 무엇이 가로막고 있지 않는가? 당신이 내게로 오고 내가 당신에게로 향하는 그 발걸음을 무엇이 가로막고 있지 않는가? 현대의 통금은 아직도 걷치고 있지 않다. 그러므로 통금시대의 문학사회로부터 소외된 개인, 역사로부터 유성처럼 떨어져 나간 현대인, 겉으로는 부산하지만 방문객이 없는 고독자일 수밖에 없는 현대의 인간들을 위한 문학—그것이 무엇인가를 말하려 했던 내 화제도 끝나 버린 것은 아니다.

1973. 범서출판사

아들이여 이 산하를

《경향신문》에 1972년 11월 11일부터 연재한 「내일의 한국인을 위한 에세이: 아들이여 이 산하를」를 바탕으로 한 책이다. 미래의 사람들을 위해 젊은이의 기수라는 자의식을 가지고서 어떤 시련에도 꺾이지 않고 외로운 행진을 계속해나가겠다는 의지를 표명했으되, 편한 문체로 전체적인 내용을 펼쳐내었으므로 어렵지 않게 다가갈 수 있다.

이 기(旗)를 든 행진

어디에선가 강연을 할 때 어느 인심 좋은 분이 나를 일러「젊은이의 기수」라고 소개한 적이 있었다. 벌써 10여 년 전의 일이다. 속으로 나는 웃었다. 키가 작은 편이어서 나는 학창시절 때부터 기수로 뽑히는 영광을 끝내 누리질 못했다. 그리고 나는 알고 있었다. 기수의 생명이 얼마나 짧은 것인가를.

전쟁터에서 제일 먼저 눈에 띄는 것이 바로 기수이다. 그는 저격의 표적이 된다. 그는 깃발을 들었기에 쓰러져야 한다. 그것이 기수의 운명이기도 한 것이다. 기는 꽂히고 또 쓰러진다. 그 깃발의 무한한 욕망은 전진하라고 외친다. 여기에 우리가 있음을 알리라고 한다. 어떻게 하늘 가득히 펄럭이는 그 야망을 이루 다 감당할 수 있겠는가? 나는 기수를 경멸했다.

그러나 이제야 알겠다. 참된 기수의 의미를 알겠다. 누가 나에게 기수의 직함을 주지 않는다 하더라도, 그 단명한 기수직을 맡고 싶다. 내 깃발을 거두지 않으리라. 모든 사람이 쓰러져 버린 폐허! 말도 병사도 나팔수도 다 가 버렸다. 찢기어 나간 생명의 기가, 열정의 기가 하늘처럼 넓고 자유롭게 살고 싶은 인간의 그 기가 모두 걷혀 버린 이 시간에 남루한 것이라도 좋다. 꺾이어 버린 것이라도 좋다. 내 한 깃발을 주워 흔들어 보리라. 외로운 행진을 할 것이다.

그리고 「아들이여!」라고 말할 것이다. 지금에는 없는 사람들, 이 자리에 보이지 않는 미래의 그 사람들―그들을 향해 같이 가자고 말할 것이다.

이 산하를 갈 것이다. 키가 작은 기수지만, 북도 나팔소리도 없지만 미래의 어린 것들과 함께, 태어나고 또 태어날 어린 생명들과 함께 행진하리라.

「적어도 이보다는 인간은 위대해야 되고 숭고해야 되고 자유로와야 한다」

이렇게 적힌 기를 펄럭이며 한 번도 가보지 못한 황홀한 벌판을 향해 걸어가야겠다. 여기의 이 글들은 영원한 내일의 사람들을 위해 씌어진 것이다.

"이 산하를 갈 것이다.
키가 작은 기수지만, 북도 나팔소리도 없지만
미래의 어린 것들과 함께,
태어나고 또 태어날 어린 생명들과 함께
행진하리라."

― 『아들이여 이 산하를』 中에서

제3부 젊음의 언어

1977. 갑인출판사

눈을 뜨면 그때는 대낮이어라

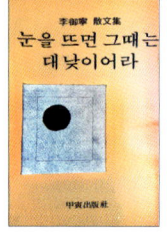

1부는 《문학사상》의 권두언으로 2부는 주로 여성지에 쓴 수상들로 구성되어 있다. 어려운 이론이나 지식을 담기보다는 진솔한 목소리를 담고 싶었다고 이어령 스스로가 밝혔던바, 시적인 글쓰기로 전체적인 내용이 펼쳐지고 있어 별다른 어려움 없이 다가설 수 있다.

  《문학사상》지를 내면서 4년 동안 줄곧 나는 권두언을 써왔다. 어려운 시대에 살면서도 문학을 사랑하고 진실한 삶을 동경하는 내 이웃들에 보내는 짤막한 서신과도 같은 글이다. 그리고 나는 시를 쓰는 마음으로 그 산문들을 썼다.

  어려운 이론이나 지식보다도 내 성대에서 직접 우러나온 소리들을 담고 싶었으며, 세 살 때부터 배운 가장 가까운 말로 내 느낌과 생각을 이야기하고 싶었다. 내가 좀 더 용기가 있었다면 이 글들에 산문시란 명칭을 붙였을는지도 모른다. 이 글이 바로 1부에 모여 놓은 「가난한 시인에게 주는 엽서」이다.

2부에서는 주로 여성지에 쓴 수상들을 모은 것이다. 그래서 그 글의 성격도 자연히 여성을 위한 것이 되어 버렸다. 그래서 「내일의 여성을 위한 엽서」라는 이름 아래 그 글들을 정리하였지만 반드시 여성적이라고마는 할 수 없을 것이다. 오히려 문명 비평적인 의견을 말하기 위해 여성을 예로 든 것이라고나 할까?

흩어진 글들을 이 기회에 묶어두고 싶다는 욕망 때문에 성격이 다른 글들을 이렇게 한자리에 앉혀 놓고 보니 겸연쩍은 생각이 들 뿐이다.

그러나 초라할망정 문학에 관한 나의 열정이 일관되어 흐르고 있다는 점에서는 모두가 같은 맥을 이루고 있는 것이라고 자위하면서 한 권의 책으로 낙서 같은 이 글들을 묶는다.

1983. 갑인출판사

젊음이여 어디로 가는가

1955년부터 1965년 사이에 발표한 산문들을 모은 책이다. 여기에는 『지성의 오솔길』, 『오늘을 사는 세대』 등에 수록된 글들도 포함된다. 미래세대에 대한 큰 기대를 담은 서문에 이어서, 한국적인 삶에서의 성찰, 서양의 신세대에 대한 소개 등으로 내용이 펼쳐지는 구성을 취했다.

저 산과 강하를 향해 물어라

아들이여. 그렇게 실망하지 말아라. 〈수〉를 받지 못했다 해서 그 시험지를 몰래 감추려고 할 것은 없다. 아직 너는 그 말 뜻도 잘 모르고 있지 않은가? 생각해 보면 한자를 배운 적도 없는 너희들에게 〈수〉〈우〉〈미〉〈양〉〈가〉로 점수를 매기고 있는 어른들이 도리어 우스운 일이다.

나는 〈수〉를 받고 그냥 좋아하는 아이보다도 〈가〉를 받고 대체 이 〈가〉란 뜻이 무어냐고 물을 줄 아는 아이의 머리를 쓰다듬어 주고 싶다. 너희들은 어리다. 어떤 해답을 쓰기보다는 한창 무엇인가를 물어야 할 그런 나이인 것이다. 너희들이, 묻는 말에 잘 대답할 줄 아는 똑똑한 아이가 되기보다는 거꾸로 궁금증을 묻고 또 묻는 그런 바보스런 아이이기를 희망한다.

원래 모르는 사람이 묻고, 아는 사람이 그 대답을 내리는 것이 이치에 어울리는 일이다. 그러나 국민학교에만 들어가도 이러한 이치는 정반대로 바뀌는 것이다. 즉 잘 아는 사람이 묻고 잘 모르는 사람이 대답을 해야만 되는 것, 그것이 시험이라는 제도이다.

시험을 치르는 습관 속에서 너희들은 〈물음〉의 의미를 상실해 가고 있다. 중요한 것은 오직 〈해답〉뿐이라고 생각한다. 알고싶다는 욕망보다는 경쟁에서 이겨야 한다는 승리에의 욕망이 앞서게 된다.

그러나 아들이여, 너희들은 결코 잊어서는 안 된다. 해답보다는 물음이 있는 곳에 새로운 삶이, 새로운 지식이 그리고 새로운 운명의 문이 열린다는 것을 잊어서는 안 된다.

여러 가지 물음 속에서 여러 가지 인생이 나타난다. 물음은 하나의 덫인 것이다. 생^{生}의 의미를 잡는 하나의 덫인 것이다.

그렇다. 나는 너희들에게 옛날이야기 하나를 들려주어야만 될 것 같다. 옛날 긴 수염이 가슴을 덮는 노인 하나가 살고 있었다. 어느 날 그 노인은 길을 걷다가 어린아이 하나를 만나게 된다.

아이는 이렇게 물었던 것이다.

「할아버지는 주무실 때 그 긴 수염을 이불 속에 넣고 주무십니까, 꺼내놓고 주무십니까?」

노인은 대답을 하지 못했다.

10년이나 그 긴 수염을 기르고 수백 번 이불을 덮고 잤었지만, 그 수염을 어떻게 했었는지를 몰랐다. 그래서 노인은 오늘 밤 자보고 내일 아침에 알려 주겠다고 대답한다. 그날 밤의 일이다. 노인은 수염을 이불 속에 넣고 자본다. 갑갑한 것이 옛날엔 꼭 바깥에 내놓고 잔 것 같다. 그래서 수염을 내놓고 잠을 자려고 해본다. 이번에는 허전하다. 즉 옛날엔 이불 속에 넣고 잔 것 같다.

밤새도록 그 노인은 이불 속에 수염을 넣었다 꺼냈다 하면서 잠 한숨 자질 못한다. 그 다음날 아침 그 어린아이를 만났을 때에도 끝내 노인은 그 수염을 어떻게 하고 잤는지를 말해 주지 못했다.

누구나 사람들은 이 노인처럼 세상을 살아가고 있다. 무의식적으로 세상을 기계적으로 살아가고 있을 때에는 자기의 수염이지만 그 수염을 의식 못하는 법이다. 제 것을 제가 모른다. 자기의 행위를 자기가 모른다. 거기에 물음이 있을 때 비로소 나는 불면의 밤 속에, 나 자신으로 돌아오게 되는 것이다.

행복한 잠보다는 이런 불면의 밤이 더욱 소중하다는 것을 너는 알아야 된다. 아들이여, 너는 내가 무엇을 말하고 싶은지를 알 것이다. 우리는 이 산하에 태어났다. 무의식 속에서 태어난 것이다. 참외를 고르듯이 혹은 네가 문방구점에서 연필을 고르듯이 그렇게 선택해서 우리가 이 한국땅에 태어난 것은 아니다.

그러기에 이 산하의 의미를 모르면서 내 얼굴, 내 이름을 모르면서 그냥 살아가는 사람이 너무나 많다.

아들이여, 그러나 우리는 먼저 묻자. 저 산하를 향해서 묻자. 우리가 어떻게 살아왔는지, 저 생^{生}의 산언덕에 무슨 꽃이 피며, 저 역사의 강하에 어떤 물결이 스치고 갔는지를 아들이여 묻자.

조급히 해답을 얻으려고 시험을 치듯 연필 끝을 그렇게 빨지 않아도 좋다. 우선 묻고 또 묻는 것이다. 그러나 이 고통을 피해서는 안 된다.

가까이 오라. 아들이여, 내일의 한국인이여. 어제와 오늘의 이 산하를 향해 물어라. 천년 후에 얻어지는 대답이라 할지라도 물어라. 메아리가 없어도 물어라.

1983. 범서출판사

떠도는 자의 우편번호

《중앙일보》에 1982년 10월 12일부터 연재한 칼럼 「떠도는 자의 우편번호」를 엮은 책이다. "고뇌하며 방황하는 나의 젊은 친구들에게"라는 문구는 이 책의 대상이 누구인가를 잘 보여준다. 현대를 살아가면서 정신적 주거지를 찾기 위한 이어령의 내면적 성찰이 편지 형식으로 자유롭게 펼쳐지고 있는바, 내용적 측면과 함께 형식적 측면도 인상 깊게 다가온다.

최초의 악수와도 같은 편지

『여행―말하자면 취리히는 얼마나 아름다운 도시라고 생각하십니까? 취리히 아름다운 도시…』

나는 작년 5월 어느 날엔가 이렇게 시작되는 편지 한 통을 받은 일이 있습니다. 비둘기가 있는 돌길이라든가, 중세의 사원이라든가, 시계 탑이라든가, 그림엽서에서 본 그런 풍경들의 인상을 적어간 그 글은 편지라기보다는 일기장을 그냥 찢어 보낸 것이라고 말하는 편이 옳을 것 같았습니다. 그리고 거기에는 이런 독백도 씌어져 있었습니다.

『어느 외국 시인이 지은 한 토막의 글귀가 생각난다.

<월·화·수·목·금·토·일 또다시 월·화·수·목·금·토·일>

아무런 의미없는 말들이 한 주일을 만들고 한달과 한 해와 그리고 나의 생애보다도 더 길고 긴 시간들을 만들어낼 것이다. 어제는 금요일이었지만, 눈부신 그 광채의 돌은 어느 시간 사이에서도 발견할 수가 없었다. 오늘은 토요일이지만 역시 흙은 아무데도 없다. 아파트의 타일벽과 유리창과 시멘트의 계단과….

결국은 반복되는 그 일상에서 벗어나려는 욕망이 오늘도 내 배낭끈을 졸라매게 한다.

여행—떠난다는 것. 돌아오는 것을 전제로 하지 않고 출발한다는 것. 그리고 자유, 공기와도 같은 자유, 조건이 없는 자유, 손톱만큼의 그 자유라도 그것을 위해서라면 나는 배낭과 함께 언제라도 순교할 각오가 되어 있다.』

그리고 그 다음 글은 알아볼 수 없게 볼펜으로 지워져 있었지만 군데군데 검문소…주민등록증…장마…같은 두 서너 개의 단어만을 겨우 판독할 수가 있었습니다. 그러다가 그 글은 뒷장에 다시 이렇게 이어지고 있었습니다.

지난 겨울 훌쩍 떠났던 여행이 생각난다. 절대로 절대로 다시는 이 도시로 돌아와서는 안된다고 다짐했지만, 끝내는 실패하고 만 겨울 여행, 계절이 나빴었다.

『눈에 덮인 하얀 산들을 본 탓이다. 적막 속에서 눈이 무너져 내리는 소리를 들은 탓이다. 그리고 그 눈 위로 까만 새 한 마리가 날고 있는 것을 보았다.

  살아야지…사랑해야지…결국 나는 다시 돌아왔고 그 겨울여행은 너절한 한 편의 시를 표절하여 일기장 위에 적어두는 것으로 낙착되고 말았다.

  파리의 거리 거리 뉴욕의 5번가에도 공허는 찾아오는 것.
  여행이란 얼마나 덧없고 헛된 것인가
  그대여 그대는 곧 깨닫게 되리니
  중요한 것은 머문다는 것..』

그리고 그 글이 끝난 여백 위에 깨알만 한 작은 글씨가 씌어져 있었습니다. 그것이 진짜 편지였던 것입니다.

『선생님! 미안합니다. 실종 신고서라도 좋고 유언장이라 해도 좋을 이 글을 누구에겐가 전하고 싶었습니다. 나는 평소에 알고 있었던 사람들의 이름을 하나하나 외어 보았습니다.

  그러나 결국은 나에게는 아는 사람의 이름이 없다는 것을 깨닫고 만 것입니다. 그러다가 우연히 생각해낸 것이 선생님의 이름이었지요. 떠나기 전에 아마 나에게도 한 사람쯤의 독자를 갖는 허영이 필요했었나 봅니다.』

독자란 말 옆에는 친절하게 방점이 찍혀져 있었으면서도 날

짜나 발신인의 이름이나 그리고 물론 주소 같은 것은 아무 데에도 적혀 있지 않았습니다. 그저 그 필적이나 글 내용으로 미루어 봐서 편지를 낸 사람은 시를 몹시 좋아하는 문학청년 같았고, 등산이나 그렇잖으면 방랑벽이 있으면서도 동시에 방 안에 들어 앉아 외국의 그림엽서나 모으고 앉아 있는 그런 대학생 같기도 했습니다.

처음엔 무심히 읽고 치워버린 편지였지만 웬일인지 시간이 흐를수록 작은 가시처럼 내 손톱 밑에서 아픔으로 자라나고 있었던 것입니다.

무언가 미안하다는 생각이 들기도 했습니다. 떠돌아다니기에는 그리고 다시는 떠난 자리로 돌아오지 않는 여행을 하기에는 너무나도 좁은 땅, 한나절이면 동에고 서에고 끝까지 닿아버리는 이 작은 조국의 땅, 지리 시간에는 한국이 반도라고 배웠지만 한 번도 그것을 실감해보지 못한 채 인공의 섬에서 자라난 분단시대의 아이들, 그것이 내 탓일 리가 없었지만, 그런 것이 내 죄인 것처럼 느껴지기도 했습니다.

또 그 나라의 사상과 문화는 바로 그 나라의 강줄기의 길이와 비례하는 것이라는 말이 생각나기도 했습니다.

아마 내가 염려하지 않았더라도 그는 떠나자마자 곧 돌아오고 말았을는지도 모릅니다.

그리고 중요한 것은 「머무르는 것」이라는 「벤」의 그 시 한 구절을 다시 써 놓고 오늘도 수도꼭지를 틀었다가는 잠그고, 칫솔질을 하면서 신문을 펼쳤다가는 덮고, 열차 시간표를 보듯이 디지털 팔목시계를 들여다보고… 그러다가 또 저녁이 되면 배낭의 끈을 질끈 졸라매야 한다고 중얼거리며 집으로 돌아오고.

아닙니다. 정말 그는 돌아오지 않고, 지금쯤 면사무소가 있는 어느 시골 여인숙이거나 따뜻하고 작은 섬으로 가기 위해 남해의 어느 목선을 타고 있는지도 모를 일입니다. 다만 분명한 것이 있다면, 내가 그에게 무엇인가를 꼭 이야기해 주어야만 된다는 것과, 그러나 주소도 이름도 모르기 때문에 절대로, 어쩌면 영원히 답장을 낼 수 없다는 사실일 겁니다.

더구나 그 뒤 나는 일본으로 건너가 남의 땅에서 한국을 바라보게 된 것이지요. 온통 모두가 그 젊은이처럼 떠도는 사람으로 생각되었고, 기둥이 튼튼한 집에서 잘 살아가고 있는 내 부러운 친구들까지가 배낭을 짊어진 사람으로 느껴졌던 것입니다. 물론 그 속에는 내 자신도 포함되어 있었습니다.

더구나 수백 수천의 그 떠도는 사람들은 주소도 이름도 없기 때문에 「괜찮다! 괜찮다!」 이야기할 것이 있어도 편지를 띄울 수가 없었습니다. 그래서 나는 떠도는 자의 우리들 우편번호를 생각해내야만 했습니다. 시인 윤동주처럼 〈육조방 남의 나라〉에서 〈시대처럼 아침〉을 기다리면서 〈눈물과 위안으로 잡는 최초의 악수〉 같은 편지를 써보기로 한 것입니다.

2003. 문학사상사

거부하는 몸짓으로 이 젊음을

《경향신문》에 연재한 <오늘을 사는 세대>를 바탕으로, 여기에다가 다른 여러 편의 에세이를 함께 묶어낸 책이다. 초판은 1968년 동화출판공사에서 발간되었다. 이미 발표된 원고들이긴 하지만, 이것들을 '젊음'이라는 주제 아래 효과적으로 배치하여 이어령 자신의 견해를 일목요연하게 보여주고 있다.

젊은이라는 정체성

50년대 그리고 60년대 초기의 내 에세이에는 '세대론'들이 많다. 글만이 아니라 내가 직접 참여하여 창간한 종합 잡지의 이름을 '세대世代'라고 이름 지은 것도, 그리고 '세계 전후 문제 작품집'을 기획 출판하게 된 것도 그런 행동의 단면을 나타낸다. 지금 돌이켜보면 요즘 시청 광장이나 정부 청사 근처에 피켓을 들고 나타나는 일인 데모처럼 초라하게 보인다. 그런데도 그와 동시에 자랑스럽게 느껴지는 까닭은 "젊을 때 젊어보지 못한 사람은 늙을 때 늙을 수도 없다"는 것이 지금까지의 내 생활 철학이기 때문이다.

거울을 들여다 보며 여드름을 짜듯이 그런 아픈 마음으로 스스로의 모습을 글로 썼다. 당시만 해도 전통이라는 이름 아래 애늙은이의 문화가 판을 치던 때이고 그 의식은 우물 안 개구리와 다름없는 폐쇄적 사회였다. 그랬기 때문에 나는 한국이라는 정체성 이전에 젊은이라는 정체성을 먼저 생각하지 않을 수 없었다. 그것이 바로 미국의 비트 제너레이션beat generation, 영국의 앵그리 영 맨angry young men 그리고 생제르맹 데 프레를 배회하는 프랑스의 젊은이들을 전면 배치하고 한국의 전후 세대론을 펼쳤다. 그것이 바로 『흙 속에 저 바람 속에』보다 1년 앞서 신문에 연재한 연재 에세이 〈오늘을 사는 세대〉이다.

그러한 글들로 이른바 나는 20, 30대에 '젊은이의 기수'라는 별명을 얻었으며, '새 세대' '세대교체' '청년문화' 등의 키워드를 선도하는 역할을 했다. 상황은 많이 변했다. 40년 전의 그 글들은 이제 조금도 새롭지도 않으며 전위적인 것으로도 보이지 않을 것이다. 벌써 전설이요 신화가 되어버린 이야기들일 것이다. 그런데도 〈오늘을 사는 세대〉를 중심으로 여러 책에 흩어져 있던 세대론들을 한 권의 책으로 재편하다 보니 그때 그날의 이야기들이 더욱 소중하게 느껴진다.

지금은 실리콘밸리가 세계의 첨단 기술을 선도하는 벤처리스트의 메카지만 바로 그곳이 히피들의 발상지였다는 것을 잊어서는 안 되는 것과 같다. 거부하는 몸짓으로 '오늘을 사는 세대'의 문화적 패러다임은 21세기의 문화 패러다임과 가장 가까운 것이기 때문이다.

2008. 생각의나무

젊음의 탄생

젊은이들을 대상으로 삼아 창조적 사고의 중요성을 설파한 책이다. 무엇보다 젊은이들로 하여금 기존의 사고에서 탈피하여 새로운 사고로 세상을 바라볼 것을 역설하고 있다. 그래야만 새 시대에 맞는 인재가 될 수 있다는 것이다. 분야를 가리지 않는 박학다식함이 특유의 화술로 전개되고 있어 흥미롭게 읽을 수 있다.

그날 새벽 광장에서 무슨 일이 일어났는가

우리는 보았다.

새벽 광장에서 용수철처럼 튀어 오르던 젊은이들의 그 순수한 몸짓—뜬 눈으로 밤을 지새워도 눈빛은 맑고 밤새껏 외쳐대도 그 목소리는 쉬지 않았다.

골이 폭죽처럼 터지던 순간 우리는 그들의 달아오른 뺨 위로 흐르는 눈물을 보았다.

그것은 배고파서 울고 매 맞아서 울고 빼앗기고 짓밟혔던 설움으로 울던 한국인의 눈물방울이 아니었다.

우리가 새벽 광장에서 본 것은 월드컵 16강을 향한 한국 축구의 꿈만은 아니었다. 어느새 티 없이 자란 아들 딸들이 신나게 응원하는 모습에서 우리는 한풀이의 어두운 굿판이 끝나고 있음을 보았다.

일찍이 돈도 권력도 이념 싸움도 아닌 일에 저렇게 열광하는 한국인들을 본 적이 있는가. 변변히 해준 것도 없는 제 나라의 이름을 저토록 자랑스럽게 외치고 있는 내 아이들의 밝은 얼굴을 본 적이 있는가.

기억 속의 젊은이들이 아니다. 최루탄 속에서 쫓기던 얼굴, 가슴을 찢는 시위대의 함성이 아니다.

지금까지 우리는 서로 미워하고 시기하고 헐뜯어왔다. 그랬었다. 좁은 땅, 그나마 남에게 빼앗긴 땅 쪼가리에서 농사를 짓다 보니 사촌이 논을 사면 배가 아팠다.

한정된 땅을 서로 차지하려고 경쟁하다 보니 남의 행복은 나의 불행이 되고 남의 불행은 나의 행복이 될 수밖에 없었다. 그래서 우리는 어렸을 때 달리기를 하다가도 자기가 뒤처지면 "앞에 가는 놈은 도둑놈"이라고 소리 질렀다. 그러다가 어느새 '배고픈 것은 참아도 배 아픈 것은 못 참는 민족'이 되고 말았다.

그러나 아니다. 본래부터 그랬던 것은 절대 아니다. 우리에게는 어느 나라에도 뒤지지 않는 '추임새 문화'가 있지 않았는가. 소리꾼이 소리를 하면 고수와 청중은 소리 사이사이에 "좋다" "어이" "얼씨구"와 같은 추임새로 흥을 돋우었다.

그래서 판소리 문화에서는 1고수 2명창이라는 말이 생기고 소리꾼보다도 추임새를 하는 사람을 더 높이 사기도 했다.

추임새의 응원 문화가 제대로 전해지지 못한 것은 난장판이 된 정치판, 시장판 때문이었다. 흥이 깨진 장단은 소음이 되고, 시켜서 하는 추임새는 저주로 바뀐다. 그러던 것이 뜻밖에 월드컵 축구 경기와 붉은악마의 응원을 통해 되살아나게 된 것이다.

고전이 된 매슬로의 욕구 5단계 피라미드 구조로 보면, 이제 한국은 응원 문화를 통해 생리적 욕구와 안전의 욕구에서 3단계의 사회적 소속 욕구로 진입하게 되었음을 시사해 준다. 잘 먹고 편하게 사는 것만으로는 만족할 수 없게 된 젊은이들이 이제 대한민국과 내가 하나가 되는 자기 정체성의 발견으로 향하게 된 것이다.

응원 문화를 통해서 우리는 우리의 경쟁 상대가 '사촌'이 아니라 보다 멀고 보다 넓은 세계라는 것을 알았다. 내가 선수가 못 돼도 그를 응원하면 내가 곧 그 선수가 된다는 일체감의 원리를 배웠다. 응원을 뜻하는 영어의 '치어^{cheer}'란 말이 얼굴을 뜻하는 희랍말의 '카라^{kara}'에서 나왔듯이 내가 웃는 얼굴을 하면 남도 즐거워하고 그 기쁨도 또한 옮아간다. 물질은 나눌수록 작아지지만 마음은 나눌수록 커지는 이치와도 같다.

승부가 끝난 축구 경기장은 곧 비었지만 붉은 옷을 입고 횃불처럼 타오르던 젊은이들의 새벽 광장은 끝나지 않을 것이다.

이번에는 축 늘어진 아버지의 어깨를 피기 위하여,

어머니의 주름을 펴기 위하여,

그리고 힘 빠진 스승들의 목소리와,

풀이 죽은 기업인들의 숙어진 고개와,

가망 없는 후반전 종료 1분 전의 기적을 믿고 살아가는 불행한 내 이웃들을 위하여,

밤새워 뜬눈으로 응원하던 그 새벽의 광장을 향해 갈 것이다.

훼방의 문화에서 응원의 문화로 물꼬를 돌리면 우리의 미래가 보인다. 투사가 아니라 소리꾼의 감동이 이끄는 사회가 오고, 역사는 과거의 부정에서 미래의 창조로 날개를 달 것이다. 고통밖에는 줄 것이 없었던 낡은 정치 리더들은 웃음과 즐거움을 주는 치어리더로 바뀔 것이다.

그날처럼 새벽 광장에 모여 응원을 하던 군중들은 아침 태양을 하나씩 가슴에 안고 집으로 돌아간다.
 편안한 잠을 자기 위해서.

"그리하여 나의 순례지는
기억의 유적지이다.
과거가 오히려
미래처럼 싱싱하게
머리 들고 일어나는
기억의 유적지이다."

— 『하나의 나뭇잎이 흔들릴 때』 中에서

제4부 바람의 언어

1966. 현암사

하나의 나뭇잎이 흔들릴 때

자전적 성격의 에세이로 구성되어 있다. 어머니에 대한 추억, 일제 시절에 대한 회고 등이 담겨 있어 이어령의 유년기를 엿볼 수 있다는 데서 일단 의미를 지닐 수 있다. 더하여, 어린 시절을 적어 나가는 과정에서 삶에 대한 성찰까지를 담아내고 있어 큰 여운을 남기기도 한다. 그런 까닭에, 현 시점에서도 젊은이들에게 삶의 이정표로 삼아질 만한 요건을 갖추고 있다.

기억의 순례자

나의 순례지巡禮地는 예루살렘도 메카도 아니다. 거기에는 뜨거운 사막도 없고 올리브의 암산도 없다.

나는 사라진 시간 속으로 간다. 그것은 기억의 땅……과거가 폐사원廢寺院처럼 닫쳐진 시간의 땅이다.

언어는 나의 게으른 낙타이다. 그림자만이 있는 낙타이다. 살바도르 달리의 그림처럼 원근법이 애매한 기억의 땅으로 들어서면 낙타는 아주 기진해서 쓰러진다. 나는 채찍을 가지고 있지 않다. 몇 시간이고, 몇 시간이고 참을성 있게 기다려야 한다.

그런 날일수록 달이 밝다.

이렇게 해서 나는 나의 순례지에 다다른다. 어두운 밀실로 한줄기 광선이 새어 들어 오면 여지껏 눈에 보이지 않던 먼지들이 분명하게, 그리고 갑자기 움직인다. 그것들은 작은 은빛 벌레들처럼 이상한 광체를 번득이면서 난무한다.

우리는 그 먼지와 같은 많은 과거의 기억들을 망각의 암실 속에 묻어둔 채 살고 있다. 어쩌다가 의식의 광망光芒이 스치면 그것들은 하나의 전달현상을 일으킨다.

시간의 폐사원 앞에서 나는 햇살처럼 문틈으로 기어든다. 그리하여 나의 순례지는 기억의 유적지이다. 과거가 오히려 미래처럼 싱싱하게 머리 들고 일어나는 기억의 유적지이다.

1966. 삼중당

차 한 잔의 사상

《신동아》,《중앙일보》에 연재한 칼럼들, 단행본에 싣지 않은 미수록 작품들, 기발표된 『고독한 군중』과 『유형지의 아침』에서의 수 편들을 모아 새로 편집한 책이다. 한국(인)의 초상, 문화, 사고방식 등을 중심으로 전체적인 내용이 채워져 있다. 칼럼이 중심이다 보니 그때그때의 현장감이 묻어 있다.

  남루한 지폐 몇 장을 주고 사 마시는 차 한 잔이라 해도 그것이 다정한 벗과 나누는 것이라면 기름진 향연보다 좋다. 떫은 차 한 잔에, 우리는 마음에 잠겨 있던 희로애락을 풀 수도 있는 것이다.

  이름을 모르는 벗들과 나는 무릎을 맞대고 가끔 그러한 차 한 잔을 나누며 이야기하고 싶다. 거창한 사상보다는 일상사日常事 속에서 느끼고 생각하는 그 담론이 차의 향내와 어울린다. 길을 걷다가, 혹은 만원 버스 간에서 흔들리다가 문득 머리에 떠오른 것들, 그러한 화제들은 대개 내 이웃들에 관한 것이다.

하찮은 것을 가지고도 침방울을 튀기며 이야기할 수 있다는 것은 얼마나 모순될 일이냐?

나는 그런 기분으로 글을 쓰고 싶다. 차를 사이에 두고 나와 우리들의 이웃에 대하여 말하고 싶다. 험담인들 흉허물이 있을까? 자조와 시샘이라 한들 쑥스러울 것이 있는가? 주변에서 일어나는 모든 것들을 차를 마시듯 가벼운 마음으로 느끼고 또 그냥 써 내려간 것, 그것이 바로 이 책에 담겨진 글들이다.

한국에 자꾸 다방이 늘어가는 것도, 생활인들의 마음이 공허한 까닭이리라. 화려한 응접실應接室이 있다면 호주머니가 두둑하다면 그들은 절로 다방을 찾지는 않을 것이다.

살롱, 나이트 클럽, 파티…… 이러한 자리에서 그들은 만나리라. 하지만 그들의 화제는 얼마나 따분하고 위선적이겠는가? 복제판 싸구려 레코드가 울리는 먼지 낀 자리일망정 서민들이 모이는 곳엔 솔직한 이야기들이 오고 간다. 서툰 화술이지만 나도 그들 중에 한몫 끼어 그 사색을 나누려 하는 것이다.

제1부의 글은 주로 오늘의 한국인들의 초상을 그려 본 것이다. 내 자신까지 포함하여, 길에서나 자동차 속에서나 흔히 만날 수 있는 그 한국인들, 결점은 많지만 그래도 우리가 서로 의지하고 믿으며 살아 가야 할 우리들 자신의 모습이다.

제2부는 한국의 문화, 언어라든가 교육이라든가 하는 문화 문제를 중심으로 해서 오늘의 한국을 생각해 본 것이다. 때로는 눈을 흘겨보기도 하고 자조와 철 없는 비분강개悲憤慷慨의 문자들이 튀어 나오지만, 그것은 너무 액면 그대로 받아들이지 않았으면 좋겠다. 역설적인 웃음으로 보아 주기를 바란다.

제3부는 주로 한국인들의 사고방식을 훑어본 것이다. 물론 그때 그때의 즉흥적인 발언이기는 하나, 한번쯤은 돌이켜볼 만한 우리 사고의 병리病理들을 진단해 보려는 노력도 없지 않다.

제4부는 문자 그대로 차 한 잔을 놓고 여러 분들과 담론한 대화를 실었다. 속기에 의한 것이다. 거친 문맥과 이 빠진 논리들이 두서 없이 전개된 것을 그냥 손대지 않고 그대로 수록했다. 차라리 그 편이 대화다운 점이었기 때문이다. 졸저에 본의 없이 이름이 오르내린 세 분 선생님께 용서를 빈다.

1972. 범서출판사

저 물레에서 운명의 실이

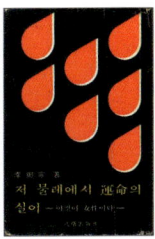

현대 문명 속에서의 여성과 관련한 문제를 다루고 있다. 가장 놀라운 사실은 이 책의 발간 시점이 1970년대 초반이라는 데 있다. 지금의 관점에서 볼 때는 다소 어긋나는 대목이 없지 않으나, 남성과 여성 간의 수평적인 관계가 요구된다는 주장을 다양한 사례를 들어 설득력 있게 제시하고 있다.

序 — 이성공포증

소는 받으니까 앞을 조심하고 나귀는 발로 차니까 뒤를 조심해야 한다. 그러나 여자는 어떤가? 사방팔방四方八方을 모두 조심하지 않으면 안 된다.

코끼리 사냥을 하는 인도차이나의 남자들은 이상한 미신을 갖고 있다. 애써 잡은 코끼리가 밧줄이 끊겨 도망치게 되면 집에 있는 아내가 머리카락을 잘랐기 때문이라고 생각한다. 밧줄이 미끄러져 떨어지면 이번엔 또 그 아내가 몸에 기름을 칠한 탓이라고 믿는다. 그래서 사냥꾼들은 집에 돌아오자마자 애꿎은 아내를 내쫓는다.

이런 이야기를 들으면 여권론자女權論者들은 회심의 미소를 지을 것이다.

「남자들은 원시인이고 문화인이고 옛날이고 오늘이고 똑같지. 어쩌면 인도차이나의 그 사냥꾼들은 잘못된 정치나 교육을 모두 치맛바람 탓으로 돌려버리는 한국 남자와 그렇게 똑같단 말인가! 그들은 모든 잘못을 여자의 탓이라고 한다. 그래서 여자는 언제나 억울한 누명 속에서 눈물을 흘려야 했다. 불쌍한 여자! 없는 여자!」

그리고는 여성의 신세타령을 늘어놓을 것이 틀림없다.

그러나 그 미신을 한번 뒤집어서 가만히 생각해보면 참으로 한탄할 것은 여자가 아니라 바로 남자라는 점이다. 남자들은 어리석다. 여성들을 경멸했더라면 절대로 그런 미신은 생겨나지 않았을 것이다. 겉으로는 강한 체 하면서도 속으로는 늘 여성을 두렵게 생각한 불쌍한 약자였다.

「여자가 머리카락을 자르면 그 굵은 밧줄도 없이 끊기고 만다」는 미신은 그만큼 여자의 힘을 신비하게 생각한 탓이다. 여자들이 흔히 믿고 있듯이 수탉처럼 자신만만한 남성들이라면 무엇 때문에 여자들을 그렇게까지 구속할 필요가 있었겠는가? 누가 약한 짐승을 울 안에 가두고 밧줄로 튼튼히 묶어두려 할 것인가?

심리학자들은 누구나 남자들에겐 여성공포증이라는 것이 있기 마련이라고 증언한다. 원시 문화의 공통된 미신은 모두가 남자들의 여성공포증에서 생겨난 것이라는 이야기다. 벵갈의 미리족들은 절대로 여자들에게 호랑이 고기를 먹이지 않는다. 여자들의 이 강해질 것을 두려워했기 때문이다. 동아프리카에서 사는 와타웰라족은 그들의 아내에게 불을 일으키는 방법을 가르쳐 주지 않는다. 그렇게 되면 여성들이 자기들을 지배하게 될지도 모른다는 두려움이 들기 때문이다. 심지어 잠들어 있는 동안에 여성들의 입김을 쐬면 남성들은 힘을 잃는다 하여 잠자리를 멀리하는 불쌍한 종족들도 있다.

이러한 미신은 모두가 「여성들에게는 남자가 갖고 있지 않는 신비한 마력이 있고 그것이 남자들을 해칠지도 모른다」는 강박관념에서 생겨난 터부^{taboo}다.

문명인들이 아직도 여성의 상징으로 믿고 있는 이브의 신화 역시 마찬가지다. 인간의 원죄를 여자 탓으로 돌린 이 신화를 보고 여자들은 횡포한 남성들이 멋대로 날조한 이야기라고 분개할지 모른다. 그러나 자세히 분석해보면 그렇지가 않다. 실은 남성 모욕의 신화다. 인류라는 생의 첫 페이지를 장식하는 그 남성 아담은 슬프게도 공처가로 그려져 있지 않은가. 아담은 최초의 남성이었으며 동시에 최초의 공처가였다.

뱀도 그것을 잘 알고 있었던 것 같다. 그렇지 않았다면 뱀은 왜 하필 이브를 유혹했는가? 비록 그 늑골로 만들었으나 이브는 아담보다도 힘이 있고 야심이 있었다. 만약 뱀이 고지식한 아담을 설득하는데 성공했다 하더라도 아담은 이브에게 야단을 맞을까 두려워 감히 그 선악과善惡果를 함께 따먹자고 말할 수는 없었을 것이다.

이브는 확실히 아담보다 똑똑하게 그려져 있다. 신처럼 눈이 밝아진다는 말을 들었을 때 이브는 자기도 신이 되고 싶다는 욕망을 갖는다. 이브는 무엇인가 보다 나은 것을 향해 발돋움치려고 한다. 그런데 아담은 에덴동산의 그 상태에 만족을 느끼고 언제고 주어진 현상 속에 머물러 살아가려고 하는 사람이다.

아담이 선악과를 따먹은 것은 신처럼 눈이 밝아지고 싶다는 욕망 때문이 아니라 신보다도 그의 아내 이브의 말을 더 두렵게 생각한 데 지나지 않는다. 성서에는 이브가 주니까 그냥 아담이 선악과를 받아먹은 것으로 기록되어 있다.

그런데도 책임은 아담에게로 돌아온다. 신은 이브가 아니라 아담에게 책임 추궁을 한다. 「내가 너더러 먹지 말라고 명한 그 나무 실과를 네가 먹었느냐?」라고 신이 물었을 때 아담은 이렇게 대답한다.

「하나님이 주셔서 나와 함께 하신 여자, 그가 그 나무 실과를 내게 주므로 내가 먹었나이다.」

 남자라면 아담의 그 비굴한 답변에 누구든 얼굴을 붉히지 않을 수 없을 것이다.

 태초의 그 우리 공처가는 자신의 행동을 아내의 탓으로, 그리고 그 여인을 만든「신의 탓」으로 돌리려고 한다.「탓」은 약자가 하는 것이다. 우리가 무엇을「탓」한다는 것은 언제나 자기보다 더 큰 원인을 찾아낸다는 것이다.

「여자의 탓」으로 돌린다는 것은 그만큼 여자가 남자보다 강한 것으로 느끼고 있는 남성들의 콤플렉스를 의미한다.

 어느 험구가險口家는 아담의 늑골 하나로 이브를 만들었다는 것은 결코 남성 우월의 신화가 아니라고 말한다. 왜냐하면 그 때문에 밤마다 아담은 이브에게 그의 늑골을 검사받아야 했기 때문이라는 것이다. 어디에다 또 늑골을 빼서 여자 하나를 만들어 두지 않았는가? 질투심이 많은 이브는 그래서 매일 밤 아담의 늑골을 세어 보았을 것이 틀림없다는 것이다. 그렇게 아담은 바보스럽게 그려져 있다. 결국 창세기 신화는「여자란 남자를 파멸케 하는 존재다」라는 잠재적인 그 여성공포증의 반영이었던 것이다.

 현대라고 별로 달라진 것은 없다.「소를 보면 앞을 조심하고 나귀를 보면 뒤를 조심해야 한다(소는 받고 나귀는 뒷발로 차니까)」. 그런데 여자를 만나면 사방팔방을 다 조심해야 된다는 이탈리아의 속담 하나를 드는 것만으로 충분하다.

 창세기 때부터 오늘날까지 이렇게 남성들은 여성을 사랑하면서도 그에 못지 않게 여자를 기피하고 불신하고 두려워하는 콤플렉스 속에서 살아왔다.

 여인 데릴라에게 머리를 잘리고 힘을 상실한 역사力± 삼손─ 남자들은 모두 이러한 「삼손 콤플렉스」 속에서 생활을 한다. 그래서 원시문화(미신)가 남성들의 그 「삼손 콤플렉스(여성공포증)」에서 생겨난 것처럼 현대의 역사와 그 문화 역시 예외일 수는 없다.

 오늘의 문명과 사회를 향해 가만히 귀를 기울여 보면 옛날과 마찬가지로 여인이 베를 짜는 소리가 들려올 것이다. 베틀에 앉아 한 인간과 그 시대의 운명을 잠시도 쉬지 않고 짜가고 있는 그 소리가…….

 이제 여성들이 짜내는 운명의 그 베를 펼쳐 보기로 하자.

1986. 나남

지성채집

이어령이 발표한 글들을 여러 주제로 분할하여 묶어낸 책이다. 저자의 말에 해당하는 「나의 문학적 자서전」을 시작으로, 시적인 글, 서문, 선언적 비평문, 해외 인상기, 문학에 대한 원론을 비롯하여, 소설, 희곡에 이르기까지 참으로 다양한 종류의 글들이 망라되어 있어, 이어령에 대한 총체적인 상을 그려보는 데 큰 도움을 받을 수 있다.

나의 문학적 자서전

1. 두 개의 생일

나는 한 해의 마지막 달인 12월생이다. 그것도 예수님의 생일이라는 그 크리스마스보다도 늦은 29일에 태어났다. 그러나 내 호적에는 그것이 1월 15일로 되어 있고 태어난 해도 한 해가 늦은 1934년으로 등록되어 있다. 그러므로 모든 문서는 물론이고 죽을 때까지 내 그림자처럼 따라다니게 될 나의 주민등록번호도 340115로 시작된다.

물론 이 거짓 생일날은 당사자인 내가 책임질 일은 못 된다.

일생에서 가장 중요한 순간이면서도 사람들은 자신이 탄생에 대해서 아무런 발언권이나 선택권도 가지고 있지 않다는 것을 잘 알고 있을 것이다. 오로지 그것은 태어나자마자 두 살을 한꺼번에 먹고 늙어버려야만 될 나의 운명을 딱하게 생각하신 아버지의 부성애 때문이다.

어찌되었던 간에 나는 이 때문에 가끔 뜻하지 않은 날 생일카드를 받고 놀라는 일이 많다. 고맙게도 그것은 사전이나 연감年鑑 같은 것을 뒤적인 끝에 나의 생년월일을 추적해낸 이른바 열성 애독자들이거나 그렇지 않으면 매상고를 올리기 위해 손님들의 크레디트 카드를 기억시킨 백화점 컴퓨터가 보내온 것들이다. 그러나 무슨 동기, 무슨 경로로 온 것이든 이러한 생일카드를 받을 때마다 나의 얼굴은 붉어지지 않을 수 없다. 단순히 미안하다는 생각이 들어서가 아니다. 호적이 만들어낸 나 속에는 비단 그 잘못된 생일, 주인 없는 그 생일날만이 아닐 것이라는 생각이 들기 때문이다. 더구나 사람들은 여기에 이렇게 숨 쉬고 있는 나보다도 문서 속에 찍힌 나를 더 믿고 인정한다. 호적 속의 나는 원래의 나를 제쳐 놓고 아랫목에 앉는다.

호적 속의 나는 엉뚱한 생일카드를 받고 축복을 받기도 하지만 또 그와는 반대로 이상한 소문이나 욕을 받게 되는 수도 있다. 축하든 욕이든 나는 그럴 때마다 속으로 변명을 한다.

"믿지 마시오. 남의 호적이든 자기 호적이든 등록되어 있는 것들을 믿지 마시오. 나나 당신이나 무엇에 등록되는 순간 벌써 우리는 위조되고 마는 것이오."

그러나 그것이 얼마나 무력한 변명인가를 곧 알아차리고 절망해 버린다. 우선 호적의 언어를 통해서 나를 알고 있는 사람들은 거의 전부가 익명적인 존재이기 때문에 일일이 그들을 찾아내어 나의 정체를 보여 줄 수도 없고 또 그렇게 한다 쳐도 바쁜 그들이 나의 진짜 생일을 마음속에 새겨둘 일도 만무한 것이다.

가령 누구와 초면에 인사를 나눌 때 이런 말을 듣는 경우가 많다. "사진에서 뵙던 것보다는 아주 다르십니다." 그 사람은 1월 15일이 내 생일날이라고 믿고 있는 사람들 중의 하나이며 나를 만나기 전까지에는 그들의 고백대로 사진 속의 내 얼굴을 진짜의 내 얼굴로 믿고 있었던 사람들이다. 주인 없는 생일처럼 이번에는 주인 없는 얼굴 하나가 어디엔가 물방울처럼 생겨나 군중 속을 멋대로 떠다니다가 어떤 판에 찍혀 버리고 만다. 이러한 얼굴들에 대하여 나는 속수무책일 수밖에 없다.

이런 일들은 내가 어느 시골 면사무소의 호적부에 먹글씨로 기재되는 그 순간에서부터 시작된 일이고 그때부터 호적에 의해 탄생된 나는 실재 어머니의 태에서 태어나 강보에 싸여 있던 나와 끝없는 불화와 끈적끈적한 싸움을 계속하게 된 것이다. 생명의 육체 속에 깊이 각인되어 있는 나의 옆에는 호적의 종이, 그 서류철 속에 낙인처럼 찍혀 있는 내가 있다. 우리는 이렇게 각기 다른 장소, 분만대와 호적부 위에서 태어나 줄곧 두 개의 다른 지평 속에서 살아가게 마련인 것이다. 그리고 나이를 먹어갈수록 호적 속의 나는 강보에 싸여 있던 나보다 키가 더 커진다. 우리가 호적으로부터 벗어나 비교적 자유롭게 살 수 있었던 것은 국민학교에 들어가기 이전의 오륙 년 동안이다. "몇 살이니?"라고 어른들이 물을 때 아이들은 그냥 재롱을 떨기만 하면 그만이다. 그러나 국민학교에만 들어가도 나이를 물을 때에는 호적을 떼다 받쳐야만 된다. 나이는 재롱이 아니라 하나의 제도가 된다. 더구나 호적의 나이와 실제의 나이가 다른 나의 경우에는, 그리고 일제식민지 치하에서 학교에 들어갔던 나의 경우에는 국민학교 이후와 국민학교 이전의 세상은 기원 전과 기원 후의 두 세기만큼이나 다르다. 학교에 들어가기 전에는 분명 여덟 살이었는데 책가방을 들고 교문을 들어서면 일곱 살이 되는 것이다. 동네 골목에서 놀던 나와 동갑내기 친구들이 교실 속에 가 앉으면 갑자기 나보다 한턱 윗자리에 있는 것이다.

  나이만이 아니었다. 이름도 달라진다. 학교에서는 집에서 어머니가 부르시던 그 이름이 아니라 창씨개명을 한 일본 이름으로 호명되었다. 출석부는 호적부와 마찬가지로 나를 다른 이름으로 등록하였고 나는 그 등록된 이름으로 다시 학적부에 오르게 된다. 그러니까 나를 태어나게 한 태줄의 언어는 자꾸 말라 비틀어지고 나의 탄생을 등록시킨 호적의 언어는 자꾸 확산되어 집채처럼 커져간다. 말도 세 살 때 배운 조선말이 아니라 일본말로 바뀐다. 내 진짜 생년월일이 공식적으로 인정받지 못한 것처럼 어머니에게서 배운 조선말은 위조지폐나 다름없는 무허가 언어가 된다. 내가 살고 있는 마을이나 외가가 있는 마을 이름도 학교에서는 다르게 불리어진다. '새말'은 '좌부리'로 '쇠일'은 '신흥리'라고 해야 된다. 아니다. 호적이 지배하는 그 학교에 가면 피까지 달라진다.

족보에 의하면 나는 분명 시조 이공정李公靖 26대손으로 되어 있는 토종 한국인인데도 나는 매일 아침 조회 때마다 동녘을 향해 궁성요배宮城搖拜를 해야만 하는 일본의 황국신민으로 되어 있있던 것이다. 내 족보 속의 할아버지들은 북쪽을 향해 국궁 재배를 하셨다는데 학교에 들어간 그 손자들은 동방을 향해 큰절을 하는 것이다. 서로의 호적이 달랐기 때문이다. 옛날 할아버지네들의 호적은 북쪽 임금님이 살고 계신 대궐 아래 있었고 우리가 태어나던 때의 호적은 천황폐하가 살고 있다는 동쪽 일본땅에 있었다.

그렇다. 학교에 들어가자마자 호적의 언어가 나를 가둔다. 학교에 가기 전에 내가 믿고 있던 영웅들은 노기 장군이나 나폴레옹이 아니었다. 팽이를 잘 돌리던 만수가, 볏섬을 한 손으로 들어 올리는 방앗간집 김장사였다. 그러나 호적의 언어로 찍힌 교과서에는 결코 나의 영웅들이 등장하는 일은 없다. 한 번도 본 적이 없고 앞으로도 만날 수 없는 이들이 영웅의 자리를 빼앗고 있는 것이다.

한밤중에 추녀 밑을 뒤져 귀신 곡하게 참새 알을 끄집어내던 나의 영웅들은 통지표에 등록되는 순간 머리를 깎인 삼손처럼 힘을 잃고 만다.

호적의 언어는 까만 흑판을 타고, 출석부와 학적부와 성적이 적힌 통지표를 타고, 기미가요를 타고, 선생님의 만년필촉을 타고 나를 위조하기 위해 군림한다.

그러나 나는 잘못된 호적의 나이, 호적의 언어에 그냥 모자를 벗고 경례를 하지는 않았다. 호적이 지배하고 있는 언어 옆에는 근지러운 배꼽의 언어, 태를 가르던 그때의 아픔을 간직하고 있는 갓난아이의 울음소리가 있었다. 그 언어는 호적과 학적부와 통지표, 그리고 교과서와 국민선서의 말들과 싸우고 있었다.

싸우고 있었다. 배꼽의 언어들은 철봉대가 있는 교정을 가로질러 닭벼슬처럼 붉게 타오르는 촉계화^{蜀葵花}의 꽃잎 속에 있었고 수양버들을 흔드는 바람 사이에 있었다. 나의 말은 일본말도 한국말도 아닌 참새소리 속에서 지저귀고 있었고 몇 번이고 얼었다가는 풀리고 얼었다가는 풀리던 그 파란 강물 속에서 미역을 감고 있었다.

호적의 언어가 나를 삼켜버리려고 할 때 나는 이 배꼽의 언어, 태를 가를 때 울던 최초의 모음^{母音}으로 나의 말을 지켜갔다. 호적부의 언어들과 싸우는 배꼽의 언어, 그것이 나에게 있어서는 바로 문학이었던 셈이다.

문학의 언어는 호적의 나이로부터 내 진짜 나이를 지켜 주었다. 공문서의 철인^{鐵印}들이 내 정수리에 와 찍힐 때 재빨리 그것은 나를 바람이 되게 하였다.

그렇다. 나의 문학은 이렇게 내 실제 나이가 호적과 다르다는 데서부터 시작된다. 내 위조된 출생월일을 상석에 모셔놓은 면사무소와 학교, 은행과 병영 그리고 높은 담으로 둘려 쳐져 있는 법원이나 입법자들이 모이는 회의장 여기에서 살아남은 작은 무허가 움막집이 나의 문학이다. 이 공공건물에 낙서를 하는 것이 나의 문학이다. 공문서를 소각하는 이 범법행위

―그래서 나와 나의 친구들이 결코 출석부 같은 것으로 호명되지 않는 책상에 앉기 위해서 진정한 이름을 하나씩 지어 주는 모험이 바로 나의 문학인 것이다.

　모든 서류에 잘못 찍힌 나의 탄생을 바로 잡기 위해서 나에게는 탯줄의 언어가 필요했던 것이다. 내 존재의 탯줄을 지키기 위한 전략―그것이 바로 크리스테바가 말한 "어머니 몸으로서의 언어"였는지 모른다. 말하자면 가부장적인 호적의 언어와 역행하는 신생아의 울음, 그리고 그 다음에 오는 간난 아이의 미소들.

　그 언어로 매일 아침마다 황국신민이라고 외우던 국민선서 속에서 시들어 죽어가던 나의 촉계화의 붉은 닭벼슬을 가꾸어 간다. 그리고 창씨개명으로 나의 이름을 훔쳐 간 출석부의 검은 음모를 몰아내기 위해 굿을 벌인다.

　항상 명쾌한 결론을 좋아하는 사람을 위하여 다시 되풀이 하자면 호적의 나이와 실제의 나이가 일치하지 않은 이 상징적인 조건이 나의 문학적 출발점이 되었다는 점이다. 욕이든 칭찬이든 잘못 위조되어가는 나에 대해서 무엇인가 정당방위를 하는 방법은 문학뿐이었던 것이다. 인간의 존재를 왜곡하는 모든 것과 싸우기 위해서는 내가 태어나 아직 호적에 오르지 않았던 여드레 동안의 순수한 생의 성채가 있어야만 했던 것이다.

　이 같은 유아 체험이 존재론적인 것으로 탐색된 것이 어렸을 때의 이미지를 탐색한 글들이고, 그것을 사회·집단적인 면에서 탐구한 것이 한국인론들이다.

  나의 어떤 글 속에도 이 두 가지의 것이 핵을 이루고 있다. 그러므로 나의 문학론이라는 것도 나의 자서전이라는 것도 국민학교 문턱에도 가지 않았던 그때의 이야기 속에서 맴돌고 있다 해도 그것은 지극히 당연한 일일 것이다.

2. 등불을 끄고 난 다음

  나는 잠이 없는 아이였다. 어렸을 때 내가 제일 싫어했던 말은 이빨을 닦으라는 말도 공부하라는 말도 아니었다. 그것은 불 끄고 그만 자라는 어른들의 말이었다. 초저녁에 짖던 개소리도 들려오지 않으면 숨 막히는 끈끈한 어둠이 방문마다 빗장을 잠근다. 내가 밤마다 의지해 왔던 것은 그 어둠을 필사적으로 밀어내고 있는 등불이었다. 정확하게 말하면 남포불(램프)이었다. 바람도 없는데 남포불은 언제나 곧 꺼질 듯이 너울거렸고 그럴 때마다 방안에 숨어 있던 그림자들이 거대한 나비가 되어 천정을 덮었다.

  식구들이 하나씩 하나씩 잠들어갈 때마다 나는 마음을 조렸고 급기야는 나 혼자 남겨두고 마지막에 잠들어 버리는 사람이 이제 그만 불 끄고 자라는 말을 하게 되면 나는 무슨 선고를 받는 거였다.

남포불이 꺼지고 나면 완전히 나 혼자 어둠 속에 남아 석유의 그을음 냄새를 맡는다. 그것은 어둠의 가장 깊은 밑바닥에서 풀려나오는 냄새이고 외로움이 제대로 다 타지 못한 냄새이다.

나에게 있어 밤은 늘 불완전 연소의 그 검은 그을음이었다. 그것도 그냥 그을음이 아니라 유난히도 질이 나쁜 석유가 내뿜는 그을음이었다.

밤과 타협을 하고 이 새까만 그을음 속에서 코를 고는 사람들이 밉고 섭섭하였다. 나를 꼭 허허벌판에 내던지고 자기네들끼리 집으로 돌아간 것 같은 서운함이었다.

나는 매일 밤 등불을 끄고 그을음을 맡고 자는 사람들을 섭섭해 하고— 이런 일을 하나의 의식儀式처럼 되풀이했다.

그러나 지금 생각해 보면 그때의 무섭고 외로웠던 밤들이 내 문학의 깊은 우물물이 되었다는 것을 깨닫게 된다. 내가 무엇인가를 보고 듣고 냄새 맡을 수 있었던 것은 남포불을 끄고 난 뒤의 일이었고 "그만 불끄고 자라!"는 선고 뒤에 오는 정적의 언어들이었다.

일식日蝕이 있었던 날 우리들은 해를 보기 위해 깨어진 유리 조각을 주워와서는 석유 등잔불에 태워 그을음을 묻혔다. 이

깜깜한 그을음만이 해를 볼 수 있게 한다는 거였다. 그을음을 가득 묻힌 유리 조각을 눈에 대고 하늘을 보면 정말 해가 빨간 단추처럼 동그랗게 보였고 그것이 조금씩 좀먹혀 들어가는 것이 보였다.

나는 오래 전부터 밤의 그을음을 통해 그런 체험을 하고 있었던 것이다. 나의 태양, 죽어가고 있는 내 태양의 일식을 구경하고 있었다. 밤마다 불을 끄고 난 다음 유리 조각 같은 어둠 너머로 석유 냄새를 맡으면서……

낮에 보이지 않던 것이 밤 속에서는 금단추처럼 보인다. 밤새도록 어디에선가 물이 새어 흐르는 소리를 듣듯이 예민한 날에는 시간이 지나가는 소리조차 들을 수가 있었다. 내가 유진 오닐의 희곡을 처음 읽고 감동을 했을 때에도 이 불면의 밤에 맡았던 남포불의 그을음 냄새가 났었다. 그리고 그 아픈 낱말들이 작은 일식처럼 어둠 속에서 앓고 있는 것을 보았다.

만약 내가 잠이 많은 아이였다면 마지막에 등불을 끄는 아이가 아니었다면 아마 지금쯤 나는 어느 당인가 전국구 의원 후보가 되어 내 차례가 되기를 고대하고 있거나 혹은 어느 수출회사 판매사원이 되어 노드웨스트를 타고 태평양의 일부변경선을 건너고 있었을는지도 모른다.

그러나 잠 못 드는 아이에게도 더러는 깊고 편한 잠을 자는 밤이 있다. 밤을 새워 무슨 잔치를 하거나 제사 같은 것을 치루게 되는 밤이 그랬다. 누구도 일찍 자란 말도 하지 않고 어서 등불을 끄라고도 하지 않는다. 마당에는 파란 간드레 불이 켜지고, 부엌에서는 밤새도록 도마를 두드리는 소리와 여자들의 웃음소리가 들려온다. 얼마나 편한 잠을 잘 수 있었던가. 남들이 깨어 있었으므로 밤은 감히 나를 침범하지 못한다. 잔치가 있는 밤이면 일식처럼 조금씩 어둠에 먹혀 들어가다가 그을음 냄새를 남기고 죽어가던 그 남포불도 오래도록 꺼지지 않는다. 아침 해가 그 불을 지워버릴 때까지 행복하게 타오른다.

나의 문학은 밤이었다. 혼자 깨어 있는 밤이었다. 나의 문학은 남포불이었고 "어서 불 끄고 자라!"는 말끝에 묻어오는 그을음 냄새였고 어디에선가 밤새도록 새어 나오는 물소리였다. 배신자들처럼 나보다 먼저 잠드는 식구들에 대한 원망이었지만 더러는 행복한 밤 잔치이기도 했다. 나의 문학의 어느 갈피에선가는 도마를 두드리다가 갑자기 웃음소리가 터져 나오는 여인의 목소리가 있다.

지금도 그 밤들이 유리를 깨어 조각을 만든다. 석유 등잔에다 까맣게 그을린 그 유리 조각을 들고 나는 지금도 이따금 그을음 냄새가 나는 빨간 일식을 구경한다.

3. 땅파기

어른들의 말을 들어보면 나는 언제나 장난이 심한 아이였다고 한다. 또 어떤 사람은 내가 심술을 잘 부리는 아이였고 싸움을 많이 해 얼굴에 손톱으로 할퀴진 생채기가 아물 날이 없었다고 한다. 어른들의 말이었으니까 그것은 거짓이 아니었을 것이다.

그러나 나의 기억으로는 누구와 장난을 하며 즐거워했거나 싸움을 하며 노여워했던 기억보다는 언제나 심심해서, 미칠 것처럼 심심해서 혼자 쇠꼬챙이를 들고 뒷마당을 후비고 다녔던 생각밖에는 잘 나지 않는다.

어른들은 마당을 파고 다니던 나를 누구도 눈여겨보지 않았거나 이상하게 생각한 적이 없었나 보다. 나는 내 얼굴에 생채기를 내면서까지 싸워야 했던 것이 대체 무엇이었던가를 궁금해한 적은 없다. 하지만 그때 뒷마당에서 무엇을 파내고 그렇게 좋아했는지 알고 싶어지는 때가 많다.

사실은 알 것도 없이 뻔한 일이다. 뒷마당에서 그것도 한 뼘의 쇠꼬챙이로 파낸 것이면 묻지 않아도 알 일이다. 사금파리가 아니면 무슨 곱돌같은 돌맹이었을 것이다. 그러나 나는 그때 내가 파낸 것이 단순한 사금파리였다고는 생각지 않는다.

고분을 발굴해낸 사람과도 같은 흥분 그리고 깊은 땅 속에서 보석을 캔 사람과도 같은 희열이 있었으니까 그것은 분명 땅 위에서는 찾아볼 수 없는 값진 물건이었을 것이다.

눈에 보이는 세계에 대해서 무엇인가 싫증이나 불만을 느낄 때 사람들은 땅속을 들여다보려고 한다. 땅을 판다는 것은 곧 땅속을 바라보는 행위이다. 호미나 삽 그리고 곡괭이는 지하를 꿰뚫어 보는 작은 눈들인 것이다. 나무와 지붕 또 지붕 위에 있는 산, 언제 보아도 같은 방향으로 뻗어 있는 길, 언제나 같은 나뭇가지에 와서 앉는 새 이런 것들만을 바라보고 지내는 사람들은 땅을 파보려고 하지는 않을 것이다.

눈에 보이는 것들은 이미 소유해버린 것이다. 밖으로 노출되어 있는 것은 보지 않으려고 해도 습관처럼 저절로 보인다. 그래서 인간이 진정으로 무엇을 보려고 할 때에는 누구나 그 손에 곡괭이를 들지 않으면 안 된다.

그러므로 '본다'는 말은 '캔다'는 말이다. '본다'는 말은 곧 '판다堀'는 말과 동의어인 것이다. 땅을 판다는 것은 가시적인 것에서 불가시적인 것으로 고개를 돌리려는 의지이다. 그것은 한 세계의 차원을 바꾸는 운명의 결단이다.

쇠꼬챙이를 들고 흙 속에 묻혀있던 것을 뒤지던 그날이야말로 내 마음속에 처음으로 <정신의 지질학>이 눈을 뜨던 순간이었을 것이다.

　나만의 일은 아닐 것이다. 겉으로 보이는 것들에 싫증을 느끼고 심심해하는 아이들은 누구나 땅을 파며 이 정신의 지질학을 배울 것이다. 어른들은 내가 예쁜 양옥집 저금통을 깨뜨렸을 때 그 속에 들어 있는 동전을 꺼내고 싶어서 그러는 줄로만 알았고 야단을 쳤던 것 같다. 그러나 무엇 때문에 반세기나 지난 옛날 일을 놓고 이제와서 변명을 할 필요가 있을 것인가. 결단코 그랬던 것이 아니다. 저금통을 깨뜨린 것은 눈에 보이지 않는 그 양옥집의 내부를 보고 싶었기 때문이다. '땅속을 본다'는 말이 곧 '땅을 판다'는 말과 같은 뜻이듯이 '저금통을 깨뜨린다'는 말은 바로 '저금통의 내부를 본다'는 말이 되는 것이다. 그것은 땅파기 장난이나 근본적으로 다를 것이 없다. 그러나 정신의 지질학이 무엇인지 모르는 사람들에게는 돈을 꺼내 쓰는 낭비로 밖에는 보이지 않았을 것이다. 그 증거로 나는 저금통만이 아니라 부숴봤자 솜이나 용수철 밖에 나올 것이 없는 장난감이나 인형을 곧잘 부수고 야단을 맞은 일이 많았다.

　글을 읽기 시작하면서부터, 이 정신의 지질학은 "보물섬"이나 "황금충" 같은 소설을 탐독하는 독서행위로 나타난다. 왜냐하면 그 보물들은 예외 없이 땅 속이나 동굴 깊숙한 곳에 묻혀 있기 때문이다. 스티븐슨이나 포가 가르쳐 준 것은 좀 더 복잡

한 땅파기였다. 여섯 살 때 내 손에 들려있던 그 꼬챙이는 비밀 지도나 암호를 풀어내는 신비한 지혜와 상상력의 요술 지팡이로 바뀌어 가고 있었던 것이다.

　나에게 있어 책 읽기는 어렸을 때의 땅파기와 동일한 것이었다. 그것은 다 같이 생의 표층이 아니라 심층을 보려는 의지였다.

　이 정신의 지질학은 읽기만이 아니라 쓰기에서도 똑같은 양상으로 나타난다. 내가 이 세상에서 최초로 쓴 작품은 <연鳶>이라는 동화였다. 겨우 쓰기를 배우고 얼마 안 되었을 때이니까 국민학교 이, 삼학년이라고 기억된다. 종이가 귀할 때여서 누이의 헌 습자책 뒷장 여백에 삽화까지 그려가면서 몽당연필로 쓴 그 동화는 유치하기 짝이 없는 것이었다. 하지만 꼬챙이가 연필로 바뀐 땅파기였다는 점에서 그것은 나의 운명에 동그라미를 달아놓은 처녀작이었다고 할 수 있다.

　"아이는 연을 날리고 싶어한다. 그러나 가난한 홀어머니 밑에서 가난하게 살아가는 그 아이에게는 종이도 실도 대나무도 없다. 어머니는 불쌍한 아이를 위해 영창문을 뜯어서 연을 만들고 자기 양말을 풀어 연실을 만들어 준다. 그래서 아이는 신나게 연을 날리게 되었지만 회오리 바람이 불어 그만 연실이 끊기고 만다. 아이는 영창도 없는 방에서 양말도 신지 않고 떨고 있을 어머니를 생각하면서 연을 놓쳐서는 안 된다고 다짐을 한다. 날아가는 연을 뒤쫓아 달려간다. 강을 건너고 산을 넘어간다. 눈 속을 헤치면서 한 번도

가 본 적이 없는 이상한 산골짜기로 들어가자 연이 떨어진다. 아이는 연이 떨어진 자리를 찾으려고 눈구덩을 파헤친다. 그런데 연이 떨어진 자리에는 구멍이 뚫려 있었고 그 안을 들여다보니 황금이 가득 들어 있었다."

 효도를 하는 착한 아이가 행운을 차지했다는 흔해 빠진 주제였지만 이 창작동화를 내가 아직도 기억하고 있는 것은 그 유치한 이야기에도 땅파기의 주제가 숨어 있기 때문이다. 황금은 빛이 있는 것이지만 그 빛은 언제나 눈에 보이지 않는 어느 심층 땅 속이거나 궤짝 속에 묻혀 있어야 하는 빛이다. 만약에 황금이 나뭇가지에서 열리는 열매였다면 아무리 같은 원소 같은 빛을 하고 있어도 이미 황금이라고는 할 수 없을 것이다. 황금은 캐내었을 때만이 황금이 된다.

 대학에 들어가고 비평에 눈을 뜨는 순간에도 나는 여전히 여섯 살 난 아이 그대로 사람들이 잘 오지 않는 뒷곁 마당을 파고 다녔다. 그 호젓한 뒷곁 마당은 대학강의실이 아니라 도서관이었다. 나는 거기에서 프로이트를 배우고 프루스트를 읽었다. 그들은 생의 표층이 아니라 저 땅 속의 심층, 무의식을 뒤지는 갱부들이었다.

 그렇다. 예술의 진정한 가치는 땅 속에 묻혀있다. 비평의 위대함은 바로, 그 불가시적인 그리고 숨겨진 구조를 파내는 곡괭이를 가지고 있기 때문이다.

내가 은유의 문장을 좋아하는 것도 그것의 의미가 항상 문장의 심층 속에 묻혀 있기 때문이다. 그것들은 지층과도 같은 여러 층위의 의미를 가지고 있으며 그 켜마다 각기 다른 비밀스러운 화석을 숨겨두고 있다.

땅파기-그것이 나의 모든 문학적 동기가 된다. 그것은 바로 나의 창작적 형식이고 수사학修辭學이다.

그리고 그것이 나의 비평방법이 된다. 표층적 의미보다는 항상 심층적인 곳에 있는 의미, 매몰되고 숨겨지고 이유 없이 나에게 암호를 던지는 것들, 이런 불가사의 세계가 있기 때문에 나는 비평 작업을 계속할 수가 있다. 소모될 대로 소모된 외계의 풍경과는 달리 그것들은 어둠 속에서 갑자기 나를 습격한다. 예상치 않던 견고한 광맥의 한 덩어리가 폭력처럼 내 사고의 곡괭이와 부딪쳐 섬광을 일으킬 때 나는 여섯 살 난 아이처럼 볼을 붉힌다. 그래서 미치게 심심하던 날의 그 땅파기를 멈추지 않고 되풀이 한다.

4. 외가집 여행

 여행에 대해서 이야기하자. 왜냐하면 김삿갓이 아니더라도 시인은 근본적으로 나그네와 구별될 수가 없다. 만약에 나에게 무슨 시인적인 기질이나 감성이 눈꼽만큼이라도 있었다면 그것 역시 나의 여행으로부터 비롯된 것이라고 말할 수 있다. 이렇게 말하면 사람들은 벌써부터 스위스의 그림엽서와 같은 이야기를 기대할는지 모른다. 그러나 나의 문학에 깊은 영향을 끼쳐 준 여행이란 바로 어렸을 때 어머니를 따라 다닌 외가집 나들이인 것이다.

 외가집이라야 자동차나 기차를 타고 갈 만큼 먼 곳에 있는 것도 아니었다. 들판으로 난 신작로를 따라 산골로 한 십리쯤 더 들어가면 거기에 나의 외가집이 있다. 그러나 이렇게 가까와도 나에게 있어 장승이 서 있는 성황당 고개를 넘어야 하고 또 어쩌다 장마라도 지면 발을 벗고 작은 개울을 건너야 하는 그 외가집 길은 이역異域으로 가는 멀고 후미진 길이었다.

 그것은 아무리 애써도 결코 기하학적으로는 설명될 수 없는 거리이다.

 거기에 가면 우리집에 없는 것들만 보이게 된다. 내가 처음으로 탱자 열매를 본 것도 외가집에 가서였다. 나의 상상에 의

할 것 같으면 그 노란 탱자는 외가집 채마밭 울타리에서만 열리는 열매들이었다. 외할머니가 이 세상에서 딱 한 분이듯이 탱자나무 열매들도 외가집에만 있는 열매다.

그렇다. 어머니가 돌아가시고 이따금씩 외가집이 그리워질 때 눈을 감으면 노랗고 동그란 탱자들이 보였다.

탱자라면 그래도 또 모르겠다. 그 흔한 감나무도 나에게는 외가집 나무로 생각되었던 것이다. 빨갛게 익은 연시감을 보면 틀림없이 외가집 돌담이 나타나고 할머니의 기침 소리가 들려온다.

외가집에 있는 것은 모두가 병풍의 그림처럼 조금씩 사그러져가고 낡아지고 옛스러워 보였다. 뒷곁에 잡초들이 많아서만 아니었다. 대청마루도 밟으면 삐거덕거리는 소리가 났고 언제 가봐도 누각 분합문樓閣 分閤門은 굳게 닫혀져 있는 채였다. 외가 식구들은 모두 서울 살림들을 하고 외할머니가 이 시골집을 혼자 지키다시피 하고 있었다는 그런 산문적인 이유에서가 아니었다.

심지어 벽에 걸린 괘종시계까지도 외가집 것은 이상해 보였다. 자판에는 용, 닭, 호랑이, 뱀과 같은 12간지의 짐승들이 동그런 둘레로 그려져 있고 이따금 깊은 우물물에서 두레박을 들어 올리는 것 같은 텅 빈 종소리가 들려왔다.

어떻게 다 그것을 말로 설명을 하랴. 옛날에 높은 벼슬을 지내셨다는 외가의 어느 할아버지 무덤에 놓일 것이라든가, 뒷곁의 빈터를 지나면 화강석 묘석들이 있었다. 그 석물石物에는 양 모양을 하고 있는 것도 있어서 나는 그 잔등 위에 올라타고 놀기도 했다. 그것은 이 세상 것들이라고는 믿겨지지 않는 것들이다.

아! 이 부질없는 묘사를 그만두자. 그것들은 외가에 가야만 있는 것이 아니라 그와 똑같은 느낌을 주는 것들이 어머니의 깊은 반닫이 속에서도 있었으니까. 색실로 수놓은 족바퀴라든가 장도칼이라든가, 어쨌든 이 세상에서는 잘 안 쓰는 것들, 외가의 긴 돌담이나 일각대문一角大門처럼 조금씩 무너져가는 엄숙하고도 슬픈 것들이 어머니의 비녀 속에서도 있었다.

대체로 나의 외가 순례는 빨간 저녁노을이 질 때 끝나게 되는 수가 많다. 까마귀가 날아가고 굴뚝에서는 안개와 같은 가는 연기들이 오른다. 더 어두워지면 수상하게 큰 달이 검은 덤불 위로 문득 나타나리라. 그래서 외가집에서 돌아오는 마음은 늘 조급하고 걸음은 늘 바쁘다.

외가집에서 본 것들—탱자며 감이며 이상한 시계 소리며 묘석들이 뒹굴고 있는 그 빈터는 내 어머니의 공간들이다. 어쩌면 그것들은 내가 이 세상에 태어나기 전에 저켠 세상에서 본 광경들이었을는지 모른다.

　외가집으로 가는 여행. 그것은 가부장적인 사회로부터 곧장 수천 년을 건너뛰어 모계사회의 옛날로 들어가는 피의 여행이라고나 할까. 분명히 그것은 현실 속에서 내가 갖고 있지 않는 것이거나 혹은 잃어버린 것을 들여다보는 공간이었다. 낙원보다도 이상하게 생긴 곳으로 향하는 길이다. 그렇다. 그것은 이 방의 어느 나라보다도 멀고 먼 공간이다. 그 여행으로 얻은 공간체험이 있었기 때문에 나의 문학은 어머니의 땅에서 탱자처럼 자랄 수 있었던 것이다. 노랗게 노랗게 그리고 동글게 동글게 나의 언어들이 울타리를 만들어 간다.

1992. 동화서적

그래도 바람개비는 돈다

1990년부터 2년 동안의 강연을 모은 일종의 강연집이다. 기업문화와 관련된 강연, 문화행사에서의 강연, 올림픽 기간 중의 강연 등으로 구성되어 있다. 꽃씨를 뿌리는 시인의 마음으로 경쟁 속에서 살아가는 기업인, 가난한 문화인, 그리고 방황하는 젊은이들에게 의미 있는 이야기를 들려주고 싶었던 것이 강연의 동기였다고 한다.

바람개비의 원리

운이 없었나 봅니다. 나는 바람개비를 만들거나 혹은 셀룰로이드로 된 예쁜 바람개비를 사면 언제나 불던 바람도 갑자기 멈추어 버립니다. 그러면 힘차게 돌아갈 것을 기대했던 어린 마음에 좌절의 금이 생기고 맙니다.

그러나 그때마다 나는 그냥 바람을 기다리고만 있지는 않았습니다. 바람개비를 들고 뛰었지요. 바람이 불지 않아도 앞을 향해 달려가면 바람개비는 돕니다. 맞바람이 불고 살아 있는 것처럼 힘차게 움직입니다.

빨리 뛰면 뛸수록 바람개비는 빨리 돌아갑니다. 그리고 나는 머리카락이 바람에 나부끼는 것을, 얼굴이 달아오르고 가슴이 뛰는 것을 느낍니다. 돌아가는 것은 손에 든 바람개비만이 아니라는 것을 알게 됩니다.

바람개비를 돌리는 것은 밖에서 부는 바람이 아니라 박동하는 내 심장입니다. 숨찬 나의 입김이었고 뛰는 다리입니다. 다리가 떨리지만 않는다면, 가쁜 숨결이 멈추지만 않는다면, 심장이 터지지만 않는다면 바람이 불지 않아도 나의 바람개비는 영원히 돌아갈 것입니다.

바람개비를 들고 뛰면 언덕 밑으로 보이는 황홀한 풍경이 있습니다. 자잘한 집들과 학교 마당 그리고 파란 들판들이 뒤로 사라집니다. 그리고 먼 산과 한 번도 가 보지 못한 지평선이 나를 향해 그렇게도 빨리 다가옵니다. 하늘과 냇물이 꼿꼿이 수직으로 일어서는 것을 온몸으로 느낍니다.

누구도 보지 못한 그 바람을 본 것입니다. 그리고 살아서 움직이는 대지의 지축을 발 뒤꿈치로 밟아 볼 수가 있었던 것입니다.

내가 자라서 지금까지 아주 작은 일이라도 해낸 것이 있었다면 이 바람개비 돌리기를 멈추지 않았기 때문이라고 생각합니다. 바람을 기다리지 않고 앞을 향해 뛰었기 때문에 전쟁의 절망과 가난 그리고 그 많은 좌절과 시련의 젊음을 이길 수 있었다고 믿고 있습니다.

바람개비는 바람이 부는 방향을 따라가면 돌지 않고 뒤집힙니다. 언제나 역풍이어야만 잘 돌아갑니다. 바람을 거슬러야 생동하는 것이 바람개비의 숙명입니다. 남들이 다들 한다고 따라가지 마십시오. 천 사람이 앉아 있어도 혼자 일어서야 할 때가 있고, 만 사람이 가도 혼자 앉아 있어야 할 때가 있는 것입니다. 바람개비의 삶은 순풍을 향해 돛을 다는 것이 아니라 역풍을 향해 가슴을 벌릴 때 더욱 잘 돌아갑니다.

돌지 않는 바람개비는 이미 바람개비가 아닙니다. 정지는 바람개비의 죽음입니다. 항상 돌아가고 움직이고 꿈틀대야 합니다. 풍차가 물을 퍼 올리고 방아를 찧는 것은 그것이 돌아가고 있기 때문입니다. 모든 것의 동력은 돌아가는 바퀴에서 생겨납니다.

그리고 이 세상에 바람을 본 사람은 한 사람도 없지만 바람개비가 돌아갈 때 사람들은 비로소 바람의 속도와 방향과 그 색채를 눈으로 볼 수가 있습니다.

바람개비의 이 가역성^{可逆性}과 가동성^{可動性} 그리고 가시성^{可視性}의 세 가지 특성이 바로 창조적인 삶과 문화를 만들어 내는 세 가지 상징적 요소라고 할 것입니다.

기회가 오지 않는다고, 환경이 그렇지 않다고, 시운이 없다고 스스로 한탄하고 주저앉아 있는 사람들에게 나는 바람개비 하나를 선물하고 싶습니다. 그리고 끝없는 경쟁의 시련 속에서 살아가는 이 땅의 기업인에게, 가난한 문화인에게, 그리고 방황하는 젊은이들에게 바람이 없어도 돌아가는 바람개비의 원리에 대해서 이야기하고 싶습니다. 그것이 여러 곳에서 강연을 하게 되었던 나의 동기입니다. 지금 그 거친 강연들을 한데 모아 한 권의 책으로 엮으면서도 결코 후회하지 않는 까닭은 어쩌면 여러분들이 이 책갈피 속에서 바람개비를 들고 언덕길로 뛰던 내 어린 시절의 그 심장 박동 소리를 들을 수 있을는지도 모른다는 기대 때문입니다.

2010. 열림원

어머니를 위한 여섯 가지 은유

이어령의 개인사, 가족사에 관한 이야기가 담긴 책이다. 특히 '1장 어머니를 위한 여섯 가지 은유'에서는 그 제목처럼 어머니에 대한 그리움을 책, 나들이, 뒤주, 금계랍, 귤, 바다라는 여섯 가지의 은유적인 소재로 풀어내고 있어 인상적이다. 이어령의 문학적 뿌리가 어디에 놓여 있는지를 확인할 수 있다.

 등단할 때는 몰라도 대개 글은 출판사의 권유로 쓰게 되는 경우가 많습니다. 빚쟁이처럼 편집자를 피해 다니지만 결국은 글 빚은 갚게 마련입니다. 이 책의 경우도 마찬가지입니다. 몇 번이고 뿌리치고 망설였지만 출판사의 권유를 이기지 못하고 지난날의 유행어대로 타의 반 자의 반으로 이 책을 내게 되었습니다.

 나는 그동안 글을 통해 많은 사람들과 만났지만 내 개인의 신변 이야기를 털어놓는 일은 거의 없었다고 생각합니다. 출판이란 영어의 'Publication'이 의미하는 것처럼 사적인 것이 아닌 공적인 활동에 속하는 일이라고 생각했기 때문이지요.

하지만 늘 마음 한구석에는 사적 체험이면서도 보편적인 우주를 담고 있는 이야기들, 이를테면 '어머니를 위한 여섯 가지 은유'와 같은 이야기를 한 권의 책으로 엮었으면 하는 생각이 들기도 했지요.

『지성에서 영성으로』의 글을 출간한 다음 그런 욕망이 더 커졌지요. 왜냐하면 이미 그 책 속에서 나는 내 가족들에 대한 이야기를 공개했기 때문에 '어머니의 귤' 이야기처럼 일부만 소개되었던 글의 전문을 읽고 싶어 하는 독자들로부터 많은 문의를 받게 된 것이지요. 그래서 '이마를 짚는 손'이나 나의 여섯 살 때 '메멘토 모리'의 배경이 되는 내 고향 이야기를 담은 글들을 중심으로 책 한 권을 여러분들 앞에 내놓게 된 것입니다.

2003. 문학사상사

어머니와 아이가 만들어가는 세상

『천년을 달리는 아이』(삼성출판사, 1999)와 『천년을 만드는 엄마』(삼성출판사, 1999)의 합본이다. 새 천년 새 시대를 맞이하여 이어령이 아이와 어머니를 향해 건네는 따뜻한 조언이다. 아이의 시선과 어머니의 시선이라는 두 부분으로 나뉜다. 짤막한 경구시의 형식을 취하고 있어 누구나 쉽게 읽을 수 있다.

행복한 집 짓기의 나뭇조각

"새 천년의 꿈 두 손으로 잡으면 현실이 됩니다." 새 천년 준비위원회의 위원장직을 맡았을 때 구호를 제일 싫어하는 사람이 스스로 구호를 만든 것이다. 우리의 상상력 속에 있는 미래의 꿈을 현실로 만들기 위해서는 서로 다른 두 손으로 잡았을 때 비로소 가능하다는 기본 이론을 알리기 위함이었다.

실제로 두 손의 원리로 나는 여러 가지 새 천년의 미래 프로그램들을 만들기도 했다. 하지만 공식 기구를 통해 하지 못한 일이 하나 있었다. 그것은 바로 가정의 안방이었다. 한국의 미래를 만들어가는 것은 정치인도 지식인도 아니다. 그런 거대

담론이 아니다. 일상의 사사로운 가정에서 일어나는 어머니의 작은 속삭임 그리고 아이들의 작은 손, 그것이 함께 만들어가는 꿈의 실현이 가정을 바꾸고 사회와 정치를 바꾸고 세계를 변화시킨다. 이 같은 미래 창조는 평범하고 작은 일로 보이지만 실은 법으로도, 권력으로도, 돈으로도 안 되는 일이다.

여기에서 구상하게 된 것이 어머니와 아이들이 함께 읽을 수 있는 글이다. 그냥 글이 아니라 짤막한 경구시를 통해서 손쉽게 마음의 창을 열도록 하자는 것이었다. 어머니에게 그리고 아이들에게 지금 세상이 어떻게 돌아가는지를 감성과 직관을 통해 깨닫게 하기 위해서는 그런 글의 성격이 어울린다고 생각한 것이다.

이 책이 생각대로 엄마와 아이가 함께 꿈꾸고 만들어가는 행복하고 찬란한 집 짓기의 나뭇조각들이 되어주었으면 한다.

"일상의 사사로운 가정에서 일어나는 어머니의 작은 속삭임 그리고 아이들의 작은 손, 그것이 함께 만들어가는 꿈의 실현이 가정을 바꾸고 사회와 정치를 바꾸고 세계를 변화시킨다."

— 『어머니와 아이가 만들어가는 세상』 中에서

"한 권의 책을 읽는다는 것은
바로 나그네가 한 마을을 지나는 것과
같은 일이라고 나는 생각한다."

— 『세계문학에의 길』 中에서

제 5 부

바다의 언어

1975. 범서출판사

서양에서 본 동양의 아침

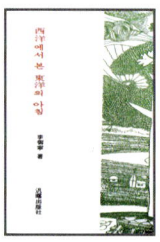

1973년 2월부터 반년 동안 프랑스에 특파원으로 머물면서 체험한 내용을 담아낸 책이다. 《경향신문》에 1974년 1월 8일부터 연재한 에세이가 중심이 되고, 그 외 다른 원고를 함께 모아내는 식으로 구성이 이루어져 있다. 서양 문명 비판과 동양 사상 탐구를 동시에 시도해보고자 하는 의도로 쓰여졌다.

  첫 번째 유럽을 보았을 때 나는 놀랐었다. 두 번째 유럽을 보았을 때에는 그냥 덤덤했었다. 그런데 세 번째 유럽을 방문했을 때에는 실망과 고통 뿐이었다.

  지난해 동안 나는 파리에서 머물며 좀더 서구문화의 깊숙한 안방에까지 접근할 수가 있었다. 우리에게 있어 가까이 가 볼수록 멀어지는 것이 바로 서양이요, 멀리 떨어져 갈수록 가까와져 가는 것이 곧 동양인 것 같다. 이 역설 하나를 얻기 위해서, 나는 파리에서 그렇게도 애를 많이 썼던가보다.

  그러나 반년 가까이 이방의 거리에서 방황했던 것을 결코 후회하지는 않는다. 왜냐하면 분명히 나는 서구의 어둠 속에서 먼동이 트는 동양문화의 가능성, 내일에의 그 잠재력을 발견할 수 있었기 때문이다.

아직은 서양에 있어서 동양이라고 할 때, 중국반점의 「찹수이」 정도밖에 생활화된 것이 없지만, 날이 갈수록 동양의 빛은 서구의 강철 문화에 녹색의 채색을 더해 갈 것이다.

원래의 계획으로는 본격적인 서구의 문명비평과 동양사상의 탐구를 시도하려 한 것이지만 발표 지면이 일간신문(경향신문)이었고, 또 공백기에 학생들의 방학숙제처럼 밀린 일들이 많아 몹시 분주하였기 때문에 이런 형식의 글이 되고 말았다. 또 한두 해 살다보면 서구의 도시들이 생각나게 될 것이고 언젠가는 다시 짐을 꾸리게 될 날이 올 것이다. 그때 또 한번 글을 쓸 것이라고 자위하면서 이 작은 책을 부끄러운 마음으로 엮는다.

그러나 꼭 밝혀두고 싶은 것은 어디까지나 내가 본 것은 동양의 「아침」이지 「대낮」은 아니었다는 점이다.

동양은 아직도 깊은 잠에 취해 있으며 반닫이 밑처럼 먼지가 깔려 있다. 동양문화의 대낮을 보기 위해서 앞으로 또 서양으로 가봐야 할 것이다.

1986. 기린원

서양의 유혹

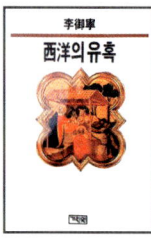

《경향신문》에 연재한 〈바람이 불어오는 곳〉을 저본으로 삼아 전반부에 배치하고, 여기에다가 기발표된 문화 관련 에세이를 '어글리 아메리칸'과 '세계지도를 펴놓고'라는 두 챕터로 구성하여 후반부에 배치하는 방식으로 펴낸 책이다. 서양을 바라보는 이어령의 관점을 한 자리에서 확인할 수 있다.

아시아의 하늘

두 우화

누님의 방안에는 프랑스 인형이 있었다. 나는 그 이방의 여인이 무슨 머리 빛깔을 하고 있었는지 잘 기억해낼 수가 없다. 블론드 blond 인지 브루넷 brunette 인지……. 그리고 가슴에 꽂혀 있던 꽃 모양도, 화려한 드레스의 색깔도 이미 까마득하게 잊어 버렸다.

그것은 너무나도 먼 어린 시절의 잔상이었다. 그저 천사처럼 아름다워 보였다는 것, 유리 상자까지가 수정처럼 영롱이고 그 인형 앞에 서 있기를 좋아했다는 것, 그리고 숨을 죽인 채 몇 시간이고 몇 시간이고 그 인형 앞에 서 있기를 좋아했다는 것, 다만 그것뿐이다.

유리 상자는 나에게 있어 최초의 이국이었다. 더 정확하게 말하자면 우리와는 분명히 무엇인가 다른 서양에 대한 최초의 이미지였다.*

바다를 건너고, 많은 숲과 많은 강을 건너면 거기 서양이 있다. 그 멀고 먼 나라에서는 그렇게 아름답고, 찬란한 사람들이 살고 있는 것이라 생각하였다.

이 프랑스 인형은 단편적이고 애매한 것이었지만 연령과 더불어 늘어가는 서양의 여러 가지 소문 가운데서 자라나고 있었다.

백조가 떠 있는 호수, 빨간 양옥집, 풍차, 빙하에 뒤덮인 산맥…… 간판장이가 멋대로 그려 놓은 시골 이발소의 그 서양 풍경화처럼 내 상상의 채색은 유치한 대로 짙어가기만 했다.

그러나 얼마 안 있어 나는 또 다른 하나의 경험을 갖게 되었다. 전쟁이 일어나자 시골 교회로 서양 선교사들이 쫓겨온 것이다. 그들은 일본 관헌들에 의해서 연금당하게 된 것이었다. 서양 사람들을 구경하고 싶은 호기심이 생겼다.

---

* 어린 시절의 서양은 동화 속의 그림같이 환상적인 것이었다.

가을이었다. 가시 철망으로 둘러쳐진 교회에서는 이따금 바람을 타고 풍금 소리가 들려 왔다. 그 소리를 따라 나는 누구도 접근하지 못하는 산언덕의 골짜기로 갔다. 샐비어의 꽃이었던가, 붉은 꽃들이 피어 있는 뒤뜰로 가서 몰래 교회당 속을 기웃거렸다. 그때 나는 참으로 놀라운 광경을 보게 되었던 것이다.

40세 가까운 뚱뚱한 서양 부인 하나가 뒤뜰에 나와 체조를 하고 있었다. 몹시 갑갑했거나, 운동 부족이었거나, 고혈압 증상 때문이었거나, 어쨌든 그 부인은 아마 매일같이 그와 같은 행동을 되풀이하고 있었던 모양이다. 손을 흔들 때마다 하얀 비계살이 먹을 것을 찾는 가축의 그것처럼 뒤룩거린다. 가쁘게 내쉬는 숨은 꼭 땜장이들의 풀무 소리같이만 들린다. 금시 옷주름이 터질 것 같다. 상자 속에 든 인형이 아니라 이 땅에서 정말 숨을 쉬며 살아가고 있는 서양 사람들을 본 것은 그것이 처음이었다. 그것은 내가 마음속에서 키워오던 프랑스 인형과는 얼마나 다른 것이었던가. 무엇이 무너지는 소리가 들려 오는 것 같았다.

아득한 어린 시절의 이야기다. 하지만 그때부터 프랑스 인형과 선교사 부인은 두 개의 다른 싹처럼 내 가슴속에서 성장되어 왔던 것이다. 한 뿌리에서 자란 두 개의 나뭇가지였다. 우리

내면을 지배해온 서양의 예술가와 사상가 그리고 젊은 마음을 매혹시켰던 그들의 시와 음악들은 밀봉한 유리 상자의 인형처럼 먼지조차 묻지 않은 가운데서 아름답다.

그러나 한옆에서는 많은 식민지를 거느리고 많은 상품과 많은 무기와 많은 돈을 뿌리고 있는 비대한 실상.** 서양이 비계살을 뒤룩거리면서 내 눈앞을 떠나지 않는다. 이 신화와 현실은 서로 모순하는 논리를 가지고 있다. 그리고 바로 그 불행한 모순의 논리가 우리를 키워준 바람이기도 하다.

책 속에서 읽은 관념 속의 그 서양은 유리 속의 인형처럼 핏기가 없고, 체온이 없고, 움직이지는 않으나 순수하고 아름답다. 초콜렛과, 원조 물자와, 신문지 조각과, GI 천막에서 브로큰 잉글리시 broken English 로 잠깐 접촉해본 서양의 현실적 체험은 가시 철망의 선교사 부인처럼 살아서 꿈틀거리되 잡티만이 있다. 모두가 다 부정확하고 피상적이다. 너무 물렁하거나 너무 딱딱하다.***

** 실상 아시아와 아프리카의 빈곤 앞에서 유럽과 아메리카는 너무도 비대한 것이었다.

*** 전쟁을 치른 우리들의 기억 속의 서양은 구호품 옷의 이상스런 빛깔과 초콜렛의 냄새가 묻어 있다.

나는 그러한 이미지를 깨뜨리고 새로운 그리고 통일된 제3의 영상을 찾고 싶었다. 말하자면 김포 공항을 떠나 유럽으로 가던 그날은 오랫동안 나를 따라다니던 두 개의 환상을 부수는 조그만 선전포고이기도 했다. 그리하여 환상은 부서졌던가? 부서졌다면 새로운 제3의 상은 나타났던가? 나타났다면 그 상은 어떠한 모습이었던가?

초라한 오버나이트백을 메고 바람이 불어오는 그 현장을 향해서 간다.

2003. 문학사상사

바람이 불어오는 곳

《경향신문》에 1964년 9월 7일부터 1964년 12월 7일까지 연재한 에세이를 중심으로, 그 밖의 몇몇 서양 관련 글을 덧붙인 저서이다. 홍콩을 지나 터키, 그리스, 이태리, 프랑스, 스위스, 오스트리아로의 여정이 담겨 있다. 초판은 1965년 현암사에서 발간되었으며, 경험과 지식이 아우러진 유려한 서술은 해외여행 자체가 어려웠던 당시의 대중들에게 대리만족을 주기에 충분했다.

세계의 바람을 타고

보잉 747도 없었다. 복수여권이라는 것도 없었다. 그러니 그때는 관광여행이라는 것도 없었다. 군사혁명이 일어나고 막 근대화 구호가 일어나던 60년대 초의 일이다. <흙 속에 저 바람 속에>의 연재로 신문 부수가 오른 보너스로 3개월간의 세계 일주 여행의 티켓이 주어진 것이다. 올림포스 동산의 신화로만 상상한 그리스, 보들레르와 랭보의 시집으로 내 젊음을 열었던 프랑스, 아직도 납 인형 같은 근위병들이 궁전을 지키고 있는 영국, 그리고 바이킹의 나라 북유럽, 무엇보다도 지프를 타고 온 GI로부터 얻은 리글리껌의 향기처럼 입 안에서 뱅뱅 도는 미국.

내 최초의 세계 일주 여행을 글로 담은 〈바람이 불어오는 곳〉은 관광여행의 기행문도 아니고 신문의 르포도 아니며, 그렇다고 무슨 괴테의 『이탈리아 기행』 같은 거창한 문명론도 아니었다.

지금 읽어보면 시대착오적인 대목들도 많고 각주구검같이 황당한 기록들도 많지만 여전히 이 글들에는 다시 읽을 만한 것들이 그대로 남아 있다고 자부한다.

표제 그대로, 좋든 궂든 우리를 향해 불어오는 바람…… 속된 말로 개화기 이래 우리 생활을 압도하고 압도하는 바람, 늘 우리의 마음이나 모습을 변하게 하는 그 서양 바람의 현장에 대한 내 인상기인 것이다. 그러니까 40년 전에 사용한 그때의 내 여권은 아직도 유효기간을 넘기지 않고 있다는 것이다. 바람이 서쪽에서 불어오고 있는 한 모든 것이 변한 서양이요 한국이지만, 그것은 쉼표가 없는 글들로 남아있을 수가 있다는 이야기다.

1985. 갑인출판사

세계문학에의 길

1971년 《독서신문》에 연재한 <나그네의 세계문학>을 중심으로 그동안 발표해온 문학작품론 성격의 글들을 함께 엮어낸 책이다. 『일리아드』, 『햄릿』, 『보바리 부인』 등의 서양 고전 작품은 물론, 『흥부전』, 『배비장전』 등의 한국 고전 작품까지 폭넓게 다루고 있다.

진리는 나그네일러라

한 권의 책을 읽는다는 것은 바로 나그네가 한 마을을 지나는 것과 같은 일이라고 나는 생각한다. 세계문학을 읽는다는 것, 그것은 세계와 인류의 마음, 안개에 싸인 신비한 그 상상의 나라를 떠돌아다니는 긴 여행이다. 그래서 나그네와 같은 입장에서 나는 세계의 여러 문학 작품들을 읽어 왔다.

하지만 말이 나그네지, 나그네의 입장이라는 것도 다 다르지 않겠느냐고 묻는 사람이 있을 것이다. G.스미드도 『세계 시민』에서 말하고 있다. 「자기와 다른 사람들을 개선하려고 나라를 떠나는 자는 철학자지만 호기심이란 맹목적인 충격에 따라 이 나라에서 저 나라로 가는 자는 방랑자에 지나지 않는다」라고…….

그러나 나는 이런 말에 반대한다. 세상 일을 그렇게 밤과 대낮처럼 두 개로 구분해서 생각하는 일은 좋은 것이 못 된다. 사람들은 어둠과 광명이 함께 얽혀 있는 황혼의 시간 속에서도 살고 있다는 것을 잊어서는 안 될 것이다. 아무리 뚜렷한 목적을 가지고 길을 떠나는 나그네라 해도 누구나 조금씩은 방랑하기 마련이다.

김만중의 『구운몽』을 읽어본 사람이면 알 것이다. 양소유가 집을 떠나는 것은 과거를 보기 위해서였다. 그런데도 그는 그 과거길에서 우연히 어사의 딸 진채봉이와 그리고 계랑이라는 기생을 만나게 된다. 그래서 그는 최초로 여성과 그 사랑에 대해 눈을 뜬다. 그것은 애초의 여정에는 없었던 일종의 방랑이 아니었겠는가? 어느 면에서는 애초의 여행 목적이었던 과거보다 이 사랑의 방랑이 더 중요한 의미를 지니고 있었는지 모른다. 여행을 하다가 애초의 목적을 잊어버리거나 수정해 버리는 것이 나그네의 특징이기도 하다.

루소는 청년 시대에 리옹에서 파리까지 도보 여행을 한 적이 있었다. 그가 파리를 가려 한 것은 고다르라는 스위스인 대령을 만나기로 되어 있었기 때문이다. 루소는 근시안이었지만, 이렇게 자신을 위로하면서 빛나는 미래를 그려본다. 「어느 책

엔가도 쇼벨장군은 지독한 근시안이라고 되어 있다. 그러고 보면 루소 장군이 근시안이어서 안 되란 법도 없지.」

그런데 그는 길을 걷다가 아름다운 숲과 파란 냇물이 흐르는 골짜기를 보고 넋을 잃는다. 눈앞에 나타난 이 목가적인 전원 풍경을 바라보면서, 그는 시끄러운 도시 생활 속에서 명예의 티끌을 좇는「루소 장군」의 꿈을 영영 포기하고 만다.

이것이 바로 나그네의 현실이다. 그리고 책을 읽는 마음이기도 하다. 우리는 레포트를 쓸 목적으로, 또는 어떤 지식을 얻기 위해서 의무적으로 책을 읽을 때도 있다. 그러나 읽다가 보면 애초의 동기와는 다른 방랑을 하게 된다. 여행이 그렇듯이 독서 역시 중요한 것은 목적보다는 그 과정이라고 할 수 있다. 한 권의 책갈피 속에는 한 가닥 길처럼 예견할 수 없는 사건이 잠복해 있는 까닭이다.

「참된 여행자에게는 항상 방랑하는 즐거움, 모험심과 탐험에 대한 유혹이 있기 마련이다. 여행한다는 것은 방황한다는 뜻이고, 방랑이 아닌 것은 여행이라 할 수 없다고 생각한다. 여행의 본질은 의무도 없고 일정한 시간도 없고 소식도 전하지 않고 호기심 많은 이웃도 없고 이렇다 할 목적지도 없는 나그네 길인 것이다. 진짜 나그네는 자기가 이제부터 어디로 갈 것인가를 모르는 법이고 나무랄 데 없는 훌륭한 여행자는 자기가 어디서 왔다는 사실을 모르고 있는 사람이라 할 수 있다. 그는 심지어 자기의 성명이 무엇인지도 모르는 것이다.」

―이것은 임어당의 말이다.

누군들 방랑하지 않고 길을 떠나랴

여기에 「참된 여행자」란 말을 「참된 비평가」라고 바꿔놓고 「여행」이란 말을 「독서」로 고쳐 놓는대도 별 탈이 없을 것이다. 그러나 조심할 것은 스미드의 말을 인용할 때 나는 방랑자의 의미를 강조했지만 임어당의 나그네에 대해서도 또 나는 반대로 단순한 호기심만의 방랑이 아니라 나와 타인을 개선하는 철학자로서의 나그네를 강조해야 될 입장에 있다는 점이다. 목적 있는 여행을 말이다.

나그네는 길을 만든다. 여행과 길은 떼어낼 수 없는 쌍둥이다. 여행하고자 하는 마음에서 길이 생겨나는 것이니까! 만약 나그네가 모두 단순한 방랑자였다면 길은 생겨나지 않았을 것이다. 황량한 죽음의 사막에 실크로드를 연 사람들은 단순한 모험심과 새로운 대지를 보고 싶어서 떠돌아다닌 방랑자들은 아니었다. 그 사막 너머로 상품을 팔아 돈을 벌겠다는 뚜렷한 목적과 의지를 지니고 있었던 상인들의 발자국이 그 길이 된 것이다. 석가모니도 예수도 공자도 모두가 다 대여행가들이었다. 그들의 여행 역시 나와 타인들을 구제해야겠다는 종교적인 목적이 있었다. 석가모니가 세상을 돌아다니며 설법을 한 그 행적을 살펴보면 그 당시 상인들이 장사 목적으로 돌아다닌 코스와 일치한다. 공자도 마찬가지였다. 호기심과 멋만으로는 문학을 즐길 수는 있어도 탐구의 길을 열 수는 없다. 아무리 방랑자라 해도 여행에는 목적지란 것이 없을 수 없다.

결론을 말하자면 나그네란 목적이 있어도 조금씩 방랑(무목적)에 빠지기도 마련이고 또 일정한 목적이 없이 집을 떠나도 길을 걷다 보면 하나의 목적이 생겨나게 된다는 이야기다. 문학 작품을 읽고 감상하고 비평하는 데 있어서도 그와 같은 일이 벌어진다. 그러나 목적 있는 여행이든 방랑으로서의 여행이든 나그네의 마음에는 공통점이 있다.

갈증 속에서 우물터의 새 의미를

거기에는 여행 자체에서 얻어지는 다 같은 열매가 있다. 나는 그것을 더 강조하고 싶다. 가령 이 시를 읽어 보자.

지름길 묻길래 대답했지요.
물 한 모금 달라기에 샘물 떠 주고
그러고는 인사하기 웃고 받았지요.
평양성에 해 안 뜬대두
난 모르오 웃은 죄밖에.

이 낯선 나그네의 향방이나 목적을 묻는다는 것은 어리석은 일이다. 그는 어디로 가고 있을까? 왜 그는 그의 고향을 떠났는가? 이렇게 묻기 전에 지금 우리 눈앞에 서 있는 그 나그네는 「목이 마르다」는 것이다. 그리고 거기 우물이 있고 한 여인이 서 있다. 목마른 나그네에게 있어 그 우물이나 여인은 벌써 고향의 그것은 아니다. 그는 갈증을 가지고 있기 때문이다. 한 곳에 머물러 있는 사람들은 갈증의 의미를 모른다. 갈증, 그것은 나그네만이 가질 수 있는 고통스러운 특권이다. 그 갈증이 있기에 고향에서는 결코 맛볼 수 없었던 우물물의 의미와 그리고 한 여인의 웃음과 만날 수가 있는 것이다. 그는 고향에서 참으로 멀리 떨어져 있지만 그의 갈증은 어느 때보다도 그의 고향으로 가까이 다가서고 있는 것이다. 우리는 이러한 갈증을 갖고 세계의 문학을 찾아다니자는 거다.

한 사람의 모습을 생각해 보자. 그의 얼굴은 오랜 여행으로 땀에 배어 있고 지쳐 있지만 우물물처럼 신선한 생기가 숨어 있다. 먼 길을 걷기 위해 그의 어깨에 맨 괴나리 봇짐은 단출해 보이지만, 그 안에는 보이지 않는 많은 물건이 그득 차 있는 것 같다. 그런 역설의 모습을 한번 생각하자. 나그네는 그런 역설을 지니고 있는 사람이다. 나그네처럼 지쳐 있으면서도 생기에 가득 차 있는 사람을 우리는 본 적이 없을 것이다.

나그네의 짐은 가볍다. 많은 것을 가져서는 안 된다. 우리나라의 속담에 「길을 떠나려거든 눈썹도 떼어 놓고 가라」는 것이 있지 않은가? 거추장스럽고 짐이 되는 것은 모두 버려야 길을 떠날 수 있다.

나그네에게는 재산을 쌓아두는 곳간이 필요없다. 오히려 그런 것을 거부해야 된다. 그러나 나그네의 짐은 언제나 눈으로 보는 것보다 항상 더 크고 무겁다. 그가 지나온 많은 마을과 그 시간들이 그의 짐을 참으로 무겁게 해줄 것이기 때문이다. 지금부터 우리가 떠나야 할 그 길도 마찬가지다. 피로로써 생기를 얻고 집을 버림으로써 새 재산을 얻는 역설의 여행이 시작되는 것이다.

많은 마을을 지나 편견에 도전한다

더 구체적으로 말하면 대체 지쳐 있다는 것은 무엇이며, 자기가 들고 있는 짐보다 항상 더 무거운 재산이란 무엇인가?

「여행은 쾌락이 아니라 고통」이라고 까뮈는 말한 적이 있다. 한 가지의 나무에만 앉아 있는 새는 피로를 모른다. 동시에 그 새는 생기도 또한 없을 것이다. 문학 작품을 읽는다는 것은 새가 날개짓을 하여 허공을 나는 것과 같다. 상상의 날개짓말이다. 그것은 우리를 지치게 한다.

시장에서 물건 값을 깎고 있는 사람들, 봉급 날짜만을 기다리고 있는 지방 관리들은 한 나무의 가지에 꼭 매달려 있다. 다른 말로 바꾸면 현실의 체제 안에 갇혀 지내는 사람들은 참다운 피로를 모른다. 마치 방안에 갇혀 있는 사람은 방안의 냄새를 맡을 수 없는 것처럼 피로해도 그 피로를 모른다.

우리는 상상의 날개짓을 통해서 그 일상적 세계, 두꺼운 체제의 벽을 돌파하고 신선한 바람을 호흡한다. 우리나라 사람들이 여행을 흔히 바람을 쐰다고 하는데 정말 적절한 표현인 것 같다.

나그네가 지닌 공통점이라면 그밖에도 더 많을 것이다. 「자기 집을 한 번도 떠나보지 못한 자는 편견에 차 있다」라는 말처럼, 나그네는 긴 여행을 통해서 거꾸로 그 편견을 없애간다고 할 수 있다. 이것도 역시 나그네가 지닌 특성의 하나이다. 나그네는 「편견에의 도전자」라고 생각할 수 있는 것이다. 나그네는 몸과 마찬가지로 그 정신도 자유에 뿌리박고 있다고 할 수 있다. 우리에게 제일 결여되어 있는 부분이 바로 이 점이라고 나는 가끔 생각한다.

양떼를 몰다가 얻은 새로운 진리

우리나라 사람들은 농경 국가였기 때문에 여행의 의미를 모르고 산 민족이라 해도 과언이 아니다. 농사를 지으려면 한 곳에 머물러 있어야 한다. 씨앗을 뿌리고 그 곡식이 자라 여물 때까지 농부는 그 자리를 떠나서는 안 된다. 그러나 유목민들은 양들을 몰고 초원을 향해 자주 밖으로 나가야만 한다. 한 자리에 머물러 있다가는 양들이 더 뜯어 먹을 풀이 남아 있지 않을 테니까.

페니키아 같은 상업 민족은 더 말할 것도 없지만 그리스도 그랬었다. 알다시피 그리스는 무수한 섬으로 이루어져 있고 그 땅이 박해서 농산물이 충분하지 못했다. 인구가 자꾸 불어가는데, 먹을 양식이 없다. 그래서 바다 밖으로 나가야만 했던 것이다. 여기에서 그들은 양식만 해결한 게 아니라, 남의 문화와 접함으로써 사물을 생각하고 바라보는 눈이 넓어지게 된 것이다.

그들이 미처 상상하지 못했던 사실이나 여러 가지 다른 풍습들을 체험함으로써 조화에 찬 그리스 문화의 높은 탑을 쌓아 올린 거라고 풀이하는 학자들도 많다. 그들은 흑해의 북쪽 크리미아에까지 가서 처음으로 추위라는 것을 알게 된다. 그들은 뜨거운 물을 흘리면 지면이 녹고, 찬물을 흘리면 굳어지는 이상한 나라라고 경탄을 했다. 이런 경이의 체험이 모든 사상면에까지 미쳐 편견을 극복해가는 다양한 문화를 형성하게 되었다.

우리나라에서도 실학 사상이 싹틀 때에는 빈번히 중국을 왕래하는 사람이 많았고 박연암같이 기행문을 쓰는 일이 많았다. 역시 새로운 사상은 편견에 도전하는 나그네로부터 싹튼다고 할 수 있다.

지금 이 자리에서 할 이야기는 아니지만 르네상스 역시 나그네들이 제일 많이 모이는 항구 도시를 중심으로 해서 싹텄다는 점을 보더라도 수긍이 가는 일이다. 박연암은 북경에 가서 코끼리를 본 것을 계기로 「상기象記」라는 글을 쓴 적이 있다. 소, 말, 닭, 개만 알고 있는 사람들의 이론은 코끼리에게 들어맞지 않는다고 말했다. 그는 코끼리를 통해 그 당시 사람들의 편견에 도전했던 것이다.

그래서 「진리는 나그네」란 말도 있지 않던가. 진리는 한 곳에 사로잡혀 있지 않는 것, 절대적인 것이 아니라 변화하는 것이다. 그리고 그것은 섭렵하는 것이다. 구하고 떠나며, 떠나서 다시 구하는 것이다. 진리는 나그네인 것이다. 그렇다 나는 그러한 나그네로서 세계 문학을 이야기하고 싶다. 나그네의 마음을 가지고 문학의 그 많은 마을들을 유랑해 보려고 한다.

> 내 아이야 내 누이야 생각해보렴
> 그 즐거움을 그 곳에 가서
> 함께 살며, 한가로이 사랑하며 사랑하고 죽고
> 너를 닮은 그 나라에서……
> 거기 모든 것은 질서와 미 · 오만 · 정숙 · 그리고 쾌락……

보들레르처럼 「여행에의 초대」를 쓸 작정이다. 그러면 우리는 어디에서부터 그 여행을 떠날까? 역시 그리스가 어울릴 것 같다. 전설 같은 호메로스가 하나의 나그네가 되어 전설의 마을을 떠돌아다니며 전설 같은 이야기로 시를 읊은 『일리아드』그 신비한 세계에 먼저 발을 들여 놓기로 하자.

2004. 문학사상사

세계지성과의 대화

1987년 문학사상사에서 발간된 초판은 서양 지식인들과의 대화를 묶은 것이었으나, 2004년 개정판은 서양 지식인들과의 대화는 물론이고, 한국 지식인들과의 대화, 일본 지식인들과의 대화까지를 함께 묶은 것이다. 각 나라의 지식인들과 대화함으로써 생각과 시야를 넓혀보고자 한 의도를 가진다.

대화로 새로운 지적 초원에 이르는 길

 글은 혼자 쓴다. 하지만 대화는 반드시 상대가 있어야 한다. 글이 말이 되고 혼자 있는 밀실 대화의 살롱이 되면, 생각도 달라진다. 말하는 것만이 아니라 듣는 기술도 있어야 대화가 성립되고 혼자서는 할 수 없었던 새로운 지적 초원으로 갈 수 있다.

 입은 하나인데 귀는 둘이다. 그래서 말하기보다 듣기가 더 중요하다고 말하는 사람도 있다. 아이는 가끔 혼자 말을 잘한다. 인형이나 강아지나 아이들은 상대편에서 말을 들어주고 대꾸를 하지 않아도 침묵하는 것들을 향해서 말을 건다. 독백처럼 보이지만 아이들은 세계의 모든 것과 대화를 한다. 그렇게 해서 성장해 가는 것이다.

키가 성장을 멈추면 사람들은 혼잣말을 하지 않게 된다. 하지만 겉으로는 대화를 하고 있는 것처럼 보여도 실은 독백을 하고 있는 경우가 많다. 아이들은 독백을 하면서 대화를 하는데 어른들은 대화를 하면서 독백을 한다. 이것이 어린아이와 어른의 차이이다.

대화가 독백이 되지 않기 위해서 나는 어렸을 때처럼 말 걸기를 한다. 더구나 그것이 유명인이거나 선배였을 경우 말 걸기는 더욱 신중해진다. 인터넷의 경우에는 익명으로 그것도 수평적으로 채팅이 가능하지만, 대면하여 대화를 하는 것은 인간관계에 의해 더 많은 영향을 받는다.

여기 대화의 상대들은 거의 모두가 서먹하고 나로서는 힘에 겨운 분들이 대부분이다. 그래서 대화의 내용이 평소의 내 페이스와는 아주 다른 것들도 있다. 어려운 상대와 이야기하다 보니 나의 주장보다는 상대의 이야기에 대한 메아리 노릇을 하는 경우도 생긴다.

벌써 수십 년 전에 나눈 대화도 있어, 지금 읽어보면 시대의 차이를 느끼게 하는 것이 많지만, 그 대화 정신만은 예나 지금이나 변한 것이 없다.

여기 이 책에서 함께 이야기를 나눈 분들 가운데는 이미 세상을 떠나신 분들이 많다. 다시 대화를 나누고 싶어도 나눌 수 없는 분들을 생각하면, 왜 생전에 이런 말을 묻지 않았는가, 이제야 아쉬운 생각이 드는 경우도 있다. 그런 점에서 대화란 혼자 글쓰기보다 훨씬 중요하고 유익한 것인지도 모른다.

"글은 혼자 쓴다.
하지만 대화는 반드시 상대가 있어야 한다."

— 『세계지성과의 대화』 中에서

"문화는 몸과 마음을 지니고 있는 기호다.
그것은 암호처럼 해독할 수 있는 자에게만 그
속마음을 털어놓는다."

― 『문화코드』中에서

제6부 생명의 언어

1995. 동아출판사

말 속의 말

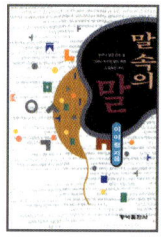

우리말 속에 감춰진 의미를 탐사하는 작업이 펼쳐져 있다. '1부 말 속의 우리 말'에서는 우리말의 아름다움과 우리 민족의 심성을 되새기고 있으며, '2부 말 속의 한자 말'과 '3부 말 속의 서양 말'에서는 각각 26개의 한자 말과 10개의 서양 말에 대한 독특한 견해가 펼쳐지고 있다. 1993년 《동아일보》에 연재한 <말>을 수정, 보완한 책이다.

역사의 화살표

'말 되네'라는 말이 유행한 적이 있었다. 누가 옳은 말을 하거나 공감이 가는 소리를 하면 금세 "그거 말 되는데"라고 한다. 그러나 한국말의 관습으로 보면 '말이 안 된다'는 말은 있어도 '말 된다'는 말은 없다. '말 된다'는 말은 그야말로 말도 안 되는 소리다. 한자 말로 해보면 훨씬 더 명확해진다. '어불성설語不成說'이란 숙어는 있지만 '어성설語成說'이라는 말은 없다. 당연한 것이나 정상적인 것에는 유난스럽게 표를 달지 않아도 된다. 이것이 말의 법칙이다.

남성 우위 시대에는 교수나 작가는 대부분이 남자들이었다.

그래서 남자들의 경우에는 그냥 교수요, 작가라고 불렀지만 여자일 경우에는 반드시 표를 붙여 '여교수', '여류 작가'라고 한다. 좀 어려운 말이지만 언어학에서는 이런 것을 유표화^{有標化}라고 부른다.

친족 호칭도 그렇다. 모계의 친족명에는 모두 '외'라는 표가 따라붙는다. 그래서 할아버지 · 할머니는 외할아버지 · 외할머니가 되고 삼촌 · 사촌은 외삼촌 · 외사촌이 된다. 나는 어렸을 때 외가 근처에서 자랐기 때문에 할머니를 그냥 할머니라고 하지 않고 '친할머니'라고 했다가 이유도 모르고 호된 꾸중을 들었다. 할머니를 유표화하여 친할머니로 부르는 것은 부계 중심 사회에 대한 중대한 도전이 되는 까닭이다. 그런데 만약 여자 교수들이 남자보다 더 많아지고 요즈음처럼 친가보다 외가와 더 가까이 지내는 아이들이 늘어나게 되면 말의 유표화도 달라지게 될 것이다. 붙어다니던 표지가 떨어져나가기도 하고 거꾸로 다른 쪽에 가 붙을지도 모른다.

'말 되네'라는 말이 바로 그렇다. 말이 제대로 통하는 사회에서는 말이 안 되는 것이 유표화되지만 말이 안 되는 소리를 더 많이 하는 사회에서는 오히려 되는 쪽이 유표화된다. 그래서 무심히 듣는 유행어지만 '말 되네'라는 말 속에서 우리는 '말이 되는 사회'와 '말이 안 되는 사회'를 다는 민감한 저울대의 기울기를 읽게 된다.

누구는 말을 '생각의 집'이라고 했지만 이런 경우 말은 사회와 문명의 저울이라고 하는 편이 옳을지도 모른다. 그것은 지나온 역사의 지층을 보여주는 슬픈 화석일 수도 있고 미래의 새길을 알려주는 화살표일 수도 있다.

20세기의 끝은 1백 년을 단위로 하는 한 세기^{siecle}의 끝이 아니라 1천 년을 단위로 하는 한 밀레니엄^{millennium}의 종말이다. 그리고 그 시작이다. 그 천 년의 끝과 시작이 지금 우리 눈앞에 있다. 이 대전환기를 내다볼 수 있는 천리안은 첨단과학 기술일 수도 있고 정보와 경제의 힘일 수도 있다. 그러나 내가 가지고 있는 것은 누구나가 다 쓰고 있는, 신기할 것도 없는 일상의 말들이다.

나는 이 거리에 폐품처럼 뒹굴고 있는 말들을 주워서 그 먼지를 털어낼 것이다. 그리고 갈고닦고 때로는 뿌리를 캐고 그 줄기를 가려낼 것이다. 그래서 새로운 역사를 찾아가는 작은 통로의 화살표로 삼으려고 한다. 말이 안 되는 사회를 말이 되는 사회로. 로마 문명이 지중해 연안으로 확대되어 갔을 때 라틴어가 현저하게 속화되었다고 한다.

언어는 의미, 또는 가치의 우주에 있어서의 미디어이다. 언어는 일반적으로 사원적인 기능의 복합체라고 한다. 즉 언어는 의미에 기준을 부여하고 의미를 표현하고 의미를 전달하며, 그리고 의미를 저장한다. 언어의 해체는 의미 우주의 붕괴이다.

1999. 삼성출판사

천년을 달리는 아이

이어령이 새천년준비위원회 위원장으로 활동하고 있던 시절에 발간한 책이다. 어린이들에게 들려주는 지혜로운 이야기라고 전체적인 내용을 정리할 수 있다. 30편의 이야기가 삽화와 함께 실려 있는 그림책이자 시 형식을 취하고 있는 동시집이다.

거울을 들여다보면 무엇이 보일까.

내 얼굴이 보여요.

책을 들여다보면 무엇이 보일까.

내 꿈이 보여요.

책을 읽어 주는 엄마의 목소리에는

무엇이 보일까.

내 얼굴이 보여요.

내 꿈이 보여요.

새 천 년이 보여요.

2006. 문학사상사

문화코드

우리 주변에 존재하는 모든 사물과 사건은 모두 암호화되어 있어 해독하지 않는 한 진정한 뜻을 알 수 없다는 기본 입장에서 출발한다. '붉은 악마', '문명전쟁', '정치문화', '한류문화'라는 네 개의 챕터 아래서 해당 표제를 구성하는 단어 하나하나에 담긴 문화적 함의를 파악해나가는 구성으로 이뤄져 있다. 새 시대를 준비하는 시야를 제공해주는 책이다.

코드란 무엇인가

아직도 코드^{code}를 전기코드^{cord}로 오해하는 사람이 많다. 그만큼 코드라는 말은 일상적인 생활인과는 거리가 먼 말이다. 기호학이나 컴퓨터의 정보처리 분야에서 많이 쓰고 있는 전문 용어이기 때문이다.

하지만 알고 보면 일상생활 속에서도 우리는 전기코드보다도 의미를 만들고 푸는 그 코드를 훨씬 더 많이 사용한다. 우리가 보고 만지는 모든 사물들과 생각하는 그 형상들은 의미를 나타내는 기호로서 존재하고 있는 것이며 우리는 밥처럼 그 기호를 먹고 살아가는 것이다.

인간과 마찬가지로 기호 역시 몸과 마음으로 되어 있다. 전문용어로 기호의 몸인 물질 부분을 시니피앙이라고 하고 그 몸속에 담겨 있는 마음을 시니피에라고 한다. 웃는 사람의 표정을 보고 그 사람의 마음을 읽듯이 기호는 모두가 가감적인 시니피앙과 가지적인 시니피에로 이루어져 있다. 그리고 시니피앙과 시니피에를 통틀어 코드라고 부르기도 한다.

그러니까 우리는 어떤 경우든 그 마음과 생각을 코드를 만들어 발신하게 되고 코드를 풀어 수신을 한다. 코드를 좁은 의미로 암호라고 번역하는데 틀린 것이 아니다. 우리 주변에서 존재하는 사물과 사건들은 모두 암호화되어 있다. 그러므로 그것을 해독하지 않는 한 우리는 그 진정한 뜻을 이해하지 못한다. 성당은 돌이나 벽돌로 된 건축물이 아니라 속(俗)과 구별되는 성(聖)을 나타내는 신비한 공간의 암호다.

동시에 성당은 절간과 다른 건축 양식을 통해서 기독교와 불교의 종교적 의미 차이를 보여준다. 음식물도 마찬가지다. 우리는 라면을 먹을 때 그것이 스파게티와 다르다는 것을 안다. 같은 면 종류지만 라면에는 국물이 스파게티에는 소스가 있다. 모양과 맛만 다른 것이 아니라 국물과 소스의 차이에서 우리는 동양과 서양의 문화적 차이를 식별한다.

문화는 몸과 마음을 지니고 있는 기호다. 그것은 암호처럼 해독할 수 있는 자에게만 그 속마음을 털어놓는다.

2010. 알마

유쾌한 창조

강창래와 이어령이 나눈 대화를 담은 인터뷰집이다. 크게 보아 이어령이 준비하고 있는 일, 이어령을 둘러싼 오해, 이어령의 창조성, 이어령의 영성이라는 네 가지 주제로 전체적인 내용을 분류할 수 있다. 이어령이 어떤 사람인가를 이해하는 데 있어 큰 도움을 받을 수 있다.

장고처럼 울리는 책

  나는 많은 책을 써왔다. 글은 혼자 생각하고 혼자 쓰는 것이니 평생 독백을 해온 셈이다. 그리고 말이라고 해도 강연이나 강의 역시 일방적으로 이야기하는 것이니 그것 역시 독백에 가깝다. 논쟁을 많이 하고 희곡을 썼던 이유도 독백 형식의 사고에서 벗어나고 싶었기 때문인지 모른다.

  하지만 논쟁과 희곡이라고 해도 혼자 머릿속에서 말하고 답하는 것이니 대화라고 할 수는 없다. 그동안 대담이나 대화집을 낸 적이 있긴 하지만 그것 역시 마찬가지다. 오히려 그것은 대담이 아니라 왜곡된 독백이요, 메아리 없는 대화일 경우가 많았다.

그러나 강창래 작가와의 대담을 통해서 비로소 독백의 울타리로부터 벗어나는 즐거움을 맛볼 수 있었다. 프라토가 왜 자신의 생각을 여러 가지 방언을 사용하여 글로 기록했는지 알 수 있을 것 같았다. (프라토는 문자를 부정하면서도 대화 형식으로 글을 서술함으로서 자가당착의 오류를 넘어서려고 했다.)

나는 이미 정리되있다고 생각했고, 또 시간이 흐름에 따라 이미 논쟁은 판결이 난 것으로 알고 있었던 김수영 시인과의 논쟁을 다시 떠올리게 된 것도 순전히 이번 대화를 통해서였다. 그동안 수많은 논쟁을 통해 나는 한국의 논쟁은 논쟁이 아니라 귀를 막고 혼자서 외치는 독백과 독백의 부딪침이라는 것을 잘 알고 있다.

그래서 늘 이상적인 대화 문화를 위해 나는 한국의 "장고론"을 주장해왔다. 북에도 양면이 있기는 하지만 그 어느 쪽을 쳐도 똑같은 소리가 난다. 뒤집어 놓아도 모양이 구별되지 않는다. 여기에 비해 장고는 다르다. 한쪽은 쇠가죽 다른 한쪽은 말가죽으로 두껍고 얇은 두 재료를 썼기 때문에 좌우 소리가 다르다. 모양도 좌우의 크기가 조금씩 다르다. 겉으로 보기에는 대칭 구조로 되어 있는 것 같지만 자세히 보면 비대칭 구조라는 것을 알 수 있다. 장고야말로 우리에게 진정한 대화 정신이 무엇인지 가르쳐준다. 소리가 서로 다르고 치는 채도 달라서 분명 같은 북에서 두 소리가 난다. 이것이 장고의 특징이다. 그리고 서로 다른 소리가 좌우로 통하는 울음통을 통해 오묘한 조화를 이룬다. 나의 생각이 강창래 작가의 사고와 만났을 때 그것은 분명 북소리가 아니었다. 그것은 장고 소리였다. 앙드레 말로는 제 목소리를 제가 들을 수 없는 안타까움을 소설의 한 대목에 남긴 적이 있다. 남의 소리는 귀로 듣지만 자신의 목소리는 자신의 목구멍으로 듣기 때문이라는 것이다. 과연 녹음기를 통해 자신의 목소리를 들어보면 이상하게도 위화감이 생긴다.

그런데 이 대화집을 통해서 나는 비로소 내 목소리를 내 귀로 들을 수 있었다. 진정한 대화는 독백을 변화시켜 자기를 객관화할 수 있게 한다. 강창래 작가를 통해서 나의 목소리를 듣고 동시에 타자의 목소리를 자신의 목구멍으로 들을 수 있게 된다. 그러기에 이 대화집은 나의 평소 글쓰기와는 다른 장고의 울림소리를 담고 있다.

그동안 술을 마시지 못해 누구와 벗 삼아 대작하는 재미를 모르고 지내왔는데 좋은 벗을 만나 말의 술잔을 사이에 두고 주거니 받거니 하는 즐거움을 만끽할 수 있었다.

2013. 시공미디어

80초 생각나누기

KBS에서 방영되기도 한 화제작이다. 총 12편의 이야기가 수록되어 있다. 어디선가 들어본 적 있는 평범한 이야기로부터 이어령은 창조의 메시지를 건져낸다. 왜 하필 80초인가의 이유를 이어령은 다음과 같이 설명한다. 80초라는 자투리 시간을 가지고도 일생을 결정 짓는 생각과 행동을 할 수 있다는 것, 그래서, 80초는 물음표와 느낌표를 찍기에 충분한 시간이라는 것.

달걀귀신인가 창조의 달걀인가. 어렸을 때 들은 달걀귀신 이야기가 생각난다. 어른들이 아이들에게 겁을 주려고 할 때 으레 "달걀귀신 나온다"라고 말한다. 이름 그대로 달걀만큼 작은 귀신인데도 왜 그렇게 무서워했는지 모른다. 그러나 거기엔 이유가 있다. 만약 눈코입이 없는 사람이 나타난다고 생각해 보라. 머리, 허리, 다리도 없는 짐승이 쫓아온다고 상상해 보라.

그것만이 아니다. 달걀귀신은 두드릴수록 커진다고 했다. 처음엔 별것 아니라고 생각해서 얕잡아보지만 공격을 가할수록 점점 더 커지고 힘이 강해진다고 한다. 손발이 없으니 잡을 데가 없고 표정이 없으니 반응을 살필 수도 없다.

우리의 미래가 그렇다. 지금 아이들의 손안에 있는 스마트폰이 바로 달걀귀신이다. 그것들은 작지만 쓰면 쓸수록 위력을 발휘한다. 눈도 코도 없는 얼굴처럼 아무것도 분간할 수 없지만 눈이 되어 사진을 찍고 귀가 되어 음악을 듣고 입이 되어 말하고 손이 되어 문자를 쓴다.

140자의 문자 자체가 달걀귀신처럼 세상을 나돌아다닌다. 때로는 괴담이 되어 사람들을 떨게 하고 때로는 비수가 되어 사람의 가슴을 찌르기도 한다. 작은 말이 자고 나면 커지고 번져서 제어할 수 없는 괴물로 변한다.

하지만 달걀이란 무엇인가. 지금은 그냥 둥그런 모양이지만 어미 닭처럼 잘 품으면 거기에서 귀여운 모습을 한 병아리가 깨어난다. 줄탁동시, 어미 닭은 밖에서 병아리는 안에서 쪼고 두드려 새로운 생명이 탄생한다.

"80초 생각 나누기"에는 달걀 모양의 0이 세 개나 들어 있다. 80초의 짧은 순간을 우리는 귀신이 아니라 새로운 생명으로 부화시켜야 한다. 그래서 쓴 것이 바로 이 글들이다. 처음에는 애니메이션으로 KBS에 방송용으로 제작했고 다음에는 느껴야 움직인다, 길을 묻다, 그리고 지우개 달린 연필 삼부작으로 된 그림책이었다.

이번에는 순수한 글만을 모아 단행본 형태로 꾸몄다. 이렇게 원 소스 멀티미디어가 가능한 것은 80초의 메시지들이 달걀 같은 생각의 원형을 담은 것이기 때문이다. 아이들을 두려움에 떨게 하는 협박의 언어를 따뜻하게 품고 함께 부화하는 창조의 언어가 되게 하려는 것. 그것이 바로 이 책 속에 담긴 나의 꿈이다.

2014. 마로니에북스

생명이 자본이다

이어령이 새롭게 주창한 개념인 '생명자본주의'를 누구나 쉽게 읽을 수 있도록 여러 사례를 곁들여가며 풀어서 설명하고 있는 책이다. '생명자본주의'는 기존 자본주의에 대한 대안이다. 간단히 축약하면 생명을 주목하는 동시에 생명을 밑천 삼아 기쁨과 감동을 주어야 한다는 것이다.

어느 해녀의 지도

이 책은 책이 아닙니다. 한 장의 지도입니다. 암초가 있는 바닷속으로 깊이 잠수하고 미역과 성게들이 얽힌 어느 바위를 찾아가는 비밀지도입니다. 그 바위의 은밀한 곳에 큰 전복이 하나 있습니다. 여태껏 아무도 따지 못한 환상적인 생명의 전복입니다. 진주알을 품은 진주패도 이럴 수는 없습니다.

무슨 이야기를 하는 것인지 도무지 모르겠다는 사람이 있으면 미당의 『시론詩論』 한 수 읽어보라고 이르겠습니다.

    바닷속에서 전복따파는 제주해녀도
    제일좋은건 님오시는날 따다주려고

물속바위에 붙은그대로 남겨둔단다
시의전복도 제일좋은건 거기두어라
다캐어내고 허전하여서 헤매이리요
바다에두고 바다바래여 시인인것을

  그런데 나는 이 책을 쓰면서 미당의 해녀와는 다른 이야기를 생각합니다. 처음부터 그 해녀에겐 님 같은 것은 없었을 것입니다. 그런데도 고집 피우고 기다리면서 시시한 성게나 멍게 같은 것, 아니면 겨우 손바닥만 한 전복을 딴 소쿠리만 들고 나옵니다.
  그러다가 나이 든 해녀가 있다면 어찌하시겠습니까. 더는 못 참고 바닷속에 뛰어들다가 숨이 차 되돌아온 늙은 해녀가 있다면 어찌할 겁니까. 젊은 해녀들에게 점찍어 놓은 암초, 그 많은 바위 가운데의 하나를 가르쳐 줄 것입니다. 하지만 그 애들은 늘 바닷속을 뒤지다가 빈손으로 나오는 것을 어찌할 겁니까.

  늙은 해녀는 마지막 결심을 합니다. 한참 동안 숨고르기를 하고 마지막 숨을 모아 자맥질을 할 것입니다. 백 번 천 번 가보았던 물길 속을 따라 젊은 날의 황홀한 기억의 장소에 당도할 것입니다. 아직 그 자리에서 자라는 싱싱한 생명체를 보고 떨리는 손을 뻗어봅니다. 하지만 그 손이 닿기 전에 먼저 숨이 막힙니다.
  바닷속에서는 아무리 속상해도 눈물을 흘려서는 안 됩니다.

바닷물 전체가 짭잘한 눈물이기 때문입니다. 고래의 눈물, 해파리의 눈물, 멸치떼의 눈물.

해녀는 마지막으로 그 비밀장소에 이르는 지도를 그려놓으려 할 겁니다. 하지만 물속으로 다니는 해녀의 길을 무슨 수로 지도로 만들 수 있겠습니까. 땅 위의 길은 지도로 그리고 바다 위, 배가 다니는 길은 해도로 표시할 수 있지만 물속으로 잠수하는 해녀의 길은 어디에다가도 그릴 수가 없습니다. 한때 인기 있었던 미국 드라마 <프리즌 브레이크>의 마이클 스코필드처럼 온몸에 문신으로 새긴 지도가 아니면 살갗보다 더 깊은 마음, 마음보다 더 높은 영혼 속에 그린 지도라야만 할 것입니다.

어렸을 때 우리가 듣던 보물섬 이야기의 지도를 생각해서는 안 될 것입니다. 양피지에는 은밀한 길을 알리는 선이 있고 가위표나 해골로 표시된 동굴의 위치가 있을 것입니다. 우리가 지금까지 상상하며 찾아다니던 비밀지도가 그렇습니다. 그 암호문을 해독하기 위해 그동안 얼마나 많은 사람들이 머리를 짜내고 시간을 허비했는지 모릅니다. 그건 해적들이 약탈한 보물일 것이고 풍문으로만 전해오는 전설일지 모릅니다. 사실이라 해도 언제나 그 이야기는 죽음으로 끝납니다.

해녀가 그린 지도 이야기를 하려다가 공연한 소리를 했나 봅니다. 해녀가 숨겨둔 전복은 해적들이 약탈한 보물상자가 아닙니다. 탐욕의 금, 음모의 다이아, 피로 물들인 루비 목걸이가 아닙니다. 해녀가 그린 바닷속 지도의 그 끝에는 파란 생명이 숨 쉬는 바다. 푸성귀^{海藻}에 덮인 바위가 있을 것입니다. 큰 전복과 그것이 씨를 뿌린 작고 큰 새끼들을 품고 있는 진짜 보석상자입니다.

이제는 은유로 말하지 않겠습니다. 내가 그 나이 든 해녀이고 이 책이 바로 그 지도입니다. 환상적인 큰 전복은 우리가 지금 아쉬워하고 있는 생명자본입니다. 그러니까 이 책에서는 생명이 무엇인지 자본이 무엇인지 그에 대한 어떤 정의나 구체적인 형상을 보여줄 수가 없습니다. 내일 쓰지, 모레 쓰지, 벼르다가 더 이상 내 힘으로는 딸 수 없게 된 생명(전복) 이야기입니다.

이제 80입니다. 8자를 눕히면 무한대의 기호가 되고 뫼비우스의 띠로 변한다고 내 나이에 덧칠을 해보지만 이제 글쓰기도 예전 같지가 않습니다. 아침마다 기억은 저만큼 도망치고 내가 길들여 온 '말'들은 흰 머리카락처럼 빠져 사방에 흩어집니다. 내 삶 전체가 쓰레받기에 담기는 것 같아 마음이 아파집니다.

조금 일찍 쓸 걸 그랬나 봅니다. 구술도 해보고 메모한 것을 완성하기 위해서 젊은 대필자를 구하기도 했습니다. 하지만 남이 내 목숨을 대신해줄 수 없듯이 글도 마찬가지라는 것을 지내보고야 알았습니다. 글을 쓰다가 병원 수술대에 눕기도 했습니다. 번져가는 저녁노을을 수술대 위의 마취된 환자로 비유한 T.S 엘리엇의 시가 나에게는 현실 상황이 된 것입니다.

그러나 나에게 준 유용한 낱말은 시인이 아니라 뜻밖에도 경제 인류학자 칼 폴라니의 'Resignation'이었습니다. 그의 저서 『대전환』끝부분에 나오는 키워드입니다. 흔히들 '체념'으로 번역하고 있지만 전후 문맥을 살펴보면 적극적으로 혹은 전략적으로 받아들이는 '감수甘受'가 옳을 것 같습니다. 한자 뜻대로 '쓴 것을 달게 받아들이는' 태도입니다.

"감수한다는 것은 언제나 인간의 힘과 새로운 희망의 원천이었다. 인간은 죽음의 현실을 받아들일 때 비로소 육체적 생명의 의미도 알게 된다. 그래서 인간은 잃어서는 안 될 영혼을 가지고 있으며 그것을 잃는 것은 육체적인 죽음보다도 한층 더 두려운 것이라는 진실을 감수하게 된다. 그때 비로소 나의 자유를 발견하게 된다. 우리 시대의 인간은 자유의 종언을 뜻하는 현실의 진실을 감수해야 하며 그럴 경우라 해도 여전히 생명은 그 감수하는 것에 의해서 태어난다."

불과 350자도 안 되는 글 가운데 '감수resignation'라는 말이 다섯 번이나 등장합니다. 나 역시 그 말을 병실에서도 서재에서도 자동차 속에서도 되풀이했습니다. 그가 자유와 평등은 문화에 의해서 대립이 아니라 융합될 수 있다는 것을 말 할 때에도 '경쟁자본주의'가 노쇠기에 들어서 황혼을 맞이하게 되었음을 선언할 때에도 내가 감수해야 할 것이 무엇인지 그리고 지금껏 숨겨둔 큰 전복이 과연 무엇인지를 생각했습니다.

그것이 글을 쓸 때 해녀처럼 감수해야 하는 숨 막힘이고 동시에 내일 아침을 위한 숨고르기였다는 것을 나는 압니다.

작별의 시간입니다. 우리가 최종적으로 감수해야 할 것은 무엇인가. 그가 제기하고 있는 자본주의의 황혼이 어떻게 오고 있는 것인지 생각하는 시간입니다. 그것은 "우리의 모든 생을 무력화하는 분업分業, 생활의 표준화, 생명체ORGANISM보다 우위에 있는 기계들MACHANISM 그리고 자발성에 대한 조직의 우위"입니다.

우리가 지난 백 년 동안 열광적으로 받아들인 산업문명, 기계문명이 이런 얼굴로 돌아온 것입니다. 그것이 이제 불안과 공포의 모습으로 내 자식과 그리고 손자 손녀들이 살게 될 내 집 담을 넘겨보고 있습니다.

이 책을 펼치기 전에 해녀와 같은 숨 막힘 그리고 숨고르기를 해야 합니다. 실망하더라도 거기 찾던 전복이 없다고 해도 두 번, 세 번 생명의 바다로 뛰어들 기회는 있습니다.

"나에게 있어서는 시와 신은 'ㄴ'받침 하나가
있고 없고의 차이였지요."

— 『지상에서 영성으로』 中에서

제7부 ─────────── 영혼의 언어

2008. 문학세계사

어느 무신론자의 기도

이어령의 첫 시집으로 대학 시절에 쓴 시부터 최근에 쓴 시까지를 묶은 것이다. 20대에서 70대에 이르기까지의 긴 세월 동안 쓴 시를 모은 것이어서 이어령의 문학과 관련한 궤적을 유추해볼 수도 있다. 제목과 직접적으로 연관되는 대목은 '5장 포도밭에서 일할 때―하나님에게'이다. 이후, 미발표 시가 추가된 개정증보판이 발간되었다.

조금은 부끄럽고 조금은 기쁜

50년 동안 문단생활을 해오면서 처음으로 시집을 냅니다. 조금은 부끄럽고 조금은 기쁘기도 합니다.

초승달이든 보름달이든 우리는 달의 한 면밖에는 볼 수가 없습니다. 하지만 우리는 누구나 영원히 어둠에 싸여 있는 달의 이면이 있다는 사실을 알고 있기 때문에 볼 수는 없어도 상상할 수는 있습니다.

인간은 달의 경우처럼 죽을 때까지 남이 볼 수 없는 다른 이면을 가지고 삽니다. 그러나 상상력이 있기 때문에, 시가 있기 때문에 그것을 보고 표현할 수가 있습니다. 상상 속에서 떠오르는, 볼 수 없는 초승달 같은 것. 그것을 우리는 시라고 부릅니다.

딱정벌레가 있습니다. 겉은 갑주처럼 딱딱하지만 뒤집어 놓으면 말랑말랑한 흉부가 있습니다. 생명은 부드러운 것이기에 딱딱한 껍질의 도움이 필요합니다. 상하기 쉬운 온몸을 무쇠로 둘러싼 로마의 갑주병들 같습니다. 우리는 부드러운 것을 지키기 위해서 항상 무쇠처럼 단단한 물질에 둘러싸여 지냅니다.

산문의 언어는 딱정벌레의 등처럼 딱딱합니다. 그것으로 연약하고 부드러운 시의 육질을 보호해줍니다. 시를 쓴다는 것은 산문의 껍질 속에 숨어 있던 속살을 드러내는 행위입니다. 늘 생명은 위험에 노출되어 있고 급소를 훤히 보여줍니다. 시의 언어는 누가 찌르지 않아도, 상처 없이도 피를 흘립니다.

태초의 공간에는 물질과 반물질이 있었다고 합니다. 상반하는 이 플러스 물질과 마이너스 물질이 서로 부딪치고 결합하면서 거대한 빛의 에너지로 바뀌었다고 합니다. 그런데 불행인지 다행인지 플러스 물질이 마이너스 물질보다 조금 더 많아 빛이 되지 못한 채 남아 있는 것이 바로 우리가 살고 있는 이 물질계라고 합니다.

나의 몸 나의 집은 태초에 빛이 되지 못한 플러스 물질의 파편들 가운데의 하나라는 겁니다. 그래서 지금이라도 반물질을 만나면 그것들은 곧 빛이 되고 섬광이 되어 사라진다고 합니다.

시의 언어는 반물질인가 봅니다. 리얼한 것, 물질적인 것, 만질 수 있는 견고한 것—시의 언어는 이러한 물질들과 결합하여 빛이 되려 합니다. 태초의 빅뱅을 일으킨 빛의 대폭발, 그 모방과 축소, 시는 반물질의 추억으로 지금 거친 모래알들을 화약처럼 폭발시켜 불꽃을 만들려고 합니다.

시를 썼습니다. 절대로 볼 수 없는, 그리고 보여서는 안 될 달의 이면 같은 자신의 일부를 보여준 것입니다. 그리고 그것은 딱정벌레의 껍질 뒤에 숨어 있는 말랑말랑한 내 알몸을 드러내는 것과 다를 것이 없습니다. 그러기에 시를 쓰고 나서는 늘 후회합니다. 빅뱅이 일어난 뒤 타다 남은 재처럼 물질에 매달려서 후회를 합니다.

시는 후회를 낳고 후회는 시를 낳습니다. 그래서 나의 이 첫 시집은 조금은 부끄럽고 조금은 기쁜 빛의 축제처럼 즐겁습니다. 하지만 아무도 나를 시인이라고 불러서는 안 됩니다. 나는 아직도 산문의 갑옷으로 무장하여 내 생명의 속살을 지켜갈 수밖에 없는 한 마리 딱정벌레 아니면 중세 때의 한 갑주병입니다.

2010. 열림원

지성에서 영성으로

세례를 받기 전의 교토에서의 이야기, 세례를 받고자 결심하게 된 하와이에서의 이야기, 그리고, 세례를 받은 후의 한국에서의 이야기가 순서대로 전개된다. 지성인이자 무신론자였던 이어령이 세례를 받고 신자의 길을 걷기로 결심했다는 사실은 모두에게 큰 충격이 아닐 수 없었는데, 이와 관련한 이어령의 내면풍경을 살펴볼 수 있다는 데서 이 책은 큰 가치를 지닌다.

    요즈음 나는 70평생 동안 한 번도 하지 않던 일들을 하고 싶습니다. 세례를 받은 것과 시집을 낸 것이 그렇습니다. 나이를 많이 먹은 사람들이 평소에 하지 않던 일을 하면 망령이 났다고들 합니다. 요즘엔 그것을 점잖게 알츠하이머라고 부르기도 하지요.

    그래서인지 사람들은 나를 만나기만 하면 꼭 그에 대해 질문을 합니다. "어쩌다가 예수를 믿게 되었느냐"는 것입니다. 질문은 한 가지이지만 묻는 사람들의 말투는 제각각 다릅니다.

    예수님을 이웃집 강아지 이름 부르듯이 하는 안티 크리스천들은 경멸조로 묻고, 카뮈의 경우처럼 신 없는 순교자를 자처하는 예술가들은 배신자를 대하듯 질책하는 투로 말합니다. 다른 종교를 믿고 있는 사람들은 아쉬운 표정으로 금시 혀라도 찰 듯이 혹은 한숨을 쉴 것처럼 낮은 목소리로 질문을 합니다.

심지어 어떤 친구는 "예수쟁이 됐다면서……"라고 내뱉듯이 비웃습니다. 오랜 세월 글을 써 왔지만 누구도 내 면전에다 대고 '글쟁이'라고 욕하는 사람은 없었지요. 그런데 말입니다. 세례를 받자마자 어느새 나를 '쟁이'라고 부르는 사람들이 이따금 생겨나게 된 것입니다.

예수쟁이라고 욕하는 사람들은 스스로 자신이 '욕쟁이'라는 것을 알 것입니다. 그러기 때문에 나는 아무 대꾸도 하지 않아요. 화내지도 않습니다.

세례를 받자마자 갑자기 성인이 돼서 그러는 게 아닙니다. 그들의 얼굴과 거동에서 내 자신이 그동안 걸어왔던 외롭고 황량한 벌판을 보았기 때문입니다. 남을 찌르지 않고는 살아갈 수 없는 사막의 전갈 같은 슬픈 운명 말입니다.

그리고 또 성경에 이미 "너희가 내 이름으로 인하여 모든 사람에게 미움을 받을 것이니 나중까지 견디는 자는 구원을 얻으리라"는 말이 쓰여 있기 때문입니다.

그들의 가슴 속에도 거북한 무엇이 암종처럼 자라고 있기 때문에 그러는가 봅니다. 겉으로는 강한 싸움꾼인척 하지만, 옆에서 누군가 한마디 훈수를 하고 조금만 역성을 들어주면 금시 어린애처럼 울음을 터뜨리는 약한 무신론자들인 겁니다.

그렇지요. 그들은 대부분이 내 옛친구들이었습니다.『거부하는 몸짓으로 이 젊음을』이라는 에세이집을 읽은 사람들은 잘 알고 있을 것입니다. 내가 30대에 쓴 글들인데 나는 그 책 제목 그대로 신에 대해서도 인간에 대해서도 기성의 모든 권위에 대해 거부하는 몸짓으로 살아온 무신론자였지요. 저항과 부정의 삶 '허공을 향해 독침을 찌르고 땅위에 떨어져 죽은 웅봉雄峰의 시체'에서 자신의 모습을 보는 처절한 삶이었지요.

세례를 받기 얼마 전인데도 말입니다. 로빈슨 크루소가 무인도에서 생활하던 것처럼 일본 교토의 연구소에서 홀로 지내던 그 시절 남몰래 써 두었던 몇 편의 시를 친구들에게도 보여주고 싶었습니다. 그리고 그때 일기를 쓰면서 간간이 써오던 시를 발표하게 된 것이지요. 그것이 바로 2008년에 처음 출간한 시집『어느 무신론자의 기도』였습니다.

그러자 이번에도 사람들은 세례를 받았을 때와 마찬가지로 여러 질문들을 해 왔습니다. "왜 시를 썼느냐, 시인이 된 느낌이 어떠냐"고 말입니다. 당연한 반응인 것 같습니다. 절대로 신을 믿지 않을 것 같은 사람이 신앙을 가지니까 절대로 시를 쓸 것 같지 않던 사람이 시를 썼으니까 뉴스가 되는 것이지요.

나의 글쓰기는 20대에서부터 시작됩니다. 문단에서는 문학평론으로 시작하여 에세이, 소설, 드라마, 시나리오 심지어 올림픽 개폐회식의 대본까지 썼어요. 대학 강단에서는 누구도 잘 읽어주지 않은 기호론 관계의 연구 논문을 써 왔지요. 그리고 알다시피 언론계에서는 신문칼럼을 전담하여 수십 년 동안 집필해 왔습니다. 출판계에서는 ≪문학사상≫ 주간을 맡아 광고 카피에서 기사의 헤드라인까지 썼지요. 문화부에 취임하여 관료사회에서 일할 때에는 담화문에서부터 '갓길' 같은 공공 용어까지 만들어 내야 했습니다.

이렇게 50년 동안 언어 노동자로 안 해본 일이 없지만 시에 대해서만은 자의든 타의든 성역으로 남겨 두었던 것입니다.

세례와 시집을 통해서 한꺼번에 내 자신도 모르게 두 성역을 침범하고 만 것입니다. 그것이 신학적이든 시학적이든 사람들의 관심을 갖게 된 것은 당연한 일이라고 봅니다. "누군가 나무를 자르는 데 여섯 시간을 나에게 준다면 나는 그중 네 시간을 도끼를 고르는 데 쓰겠다"고 한 링컨의 말과는 정반대로 나는 아무런 준비도 없이 이 두 성역의 높은 문지방 위에 오르게 된 것이지요.

나에게 있어서는 시와 신은 'ㄴ'받침 하나가 있고 없고의 차이였지요. 그래서 그러한 물음들에 대해 답하기 위해서 『어느 무신론자의 기도』의 시 작품에서부터 시작하여 세례를 받을 때까지의 내 일상을 수상 형식으로 기록한 것이 이 책입니다. 그리고 나를 이곳에까지 인도한 내 딸 민아의 이야기를 듣고 싶어하는 사람들이 많기에 권말에 그 간증을 함께 엮었습니다. 녹취 원고를 그대로 따서 실린 글이고 또 정리된 글의 양도 그리 많은 편이 아니지만 이 책 전체의 메시지로 볼 때 그 비중은 내가 차지한 부분보다 더 클 것이라고 생각합니다. 그래서 이 책은 나와 민아의 공저라고 말하는 것이 정직할 것입니다.

『지성에서 영성으로』, 책 제목은 대담하게 붙였지만 나는 아직도 지성과 영성의 문지방 위에 서 있습니다. 이 글을 읽는 분들의 도움이 있으면 나는 그 문지방을 넘어 영성의 빛을 향해 더 높은 곳으로 갈 것입니다. 누구보다도 이 글들을 아직 주님을 영접하지 못하고 그 문앞에서 서성거리는 사람들을 위해 바치고자 합니다.

2011. 열림원

빵만으로는 살 수 없다

성경을 읽는 새로운 독법을 제시한 책이다. '빵', '눈물', '새와 꽃', '아버지' 등 성경에 등장하는 주요 키워드를 대상으로 삼아 그 맥락을 추적하여 그 뒤의 문화적 배경을 포착해내는 방식을 취하고 있다. 이는 세상을 읽어내는 이어령의 관점을 성경에도 그대로 적용해본 것으로 이해할 수 있다.

떡이냐 빵이냐

말은 입에서 나오는 순간 사라집니다. 조금 전만 해도 내 가슴과 머릿속에 있었던 것인데 몸 밖으로 일단 빠져나오면 네 발 달린 말보다 더 빠르게 도망칩니다. 어느새 벌판과 냇물을 지나 산등성이의 구름이 되어 흩어집니다. 때로는 뒤쫓아보지만 그것들은 벌써 다른 사람들의 입에서 입으로 옮겨 다니다가 사막의 낙타, 바다의 돌고래처럼 나와는 아예 무관한 딴 짐승이 되어버립니다.

그래서 글을 씁니다. 말들이 멋대로 새어 나갈까 봐 덫을 놓습니다. 그런데 문자의 덫에 걸린 그 순간, 말들은 생기를 잃고 까무러쳐버립니다. 맞아요. 말이 기절한 게 바로 글이지요. 그것들을 깨어나게 하려면 문자의 올가미를 풀어 다시 소리치게 하고 그 갈기가 바람에 날릴 수 있도록 해야 합니다.

말하기와 글쓰기. 이렇게 50년 넘게 말과 글의 사이를 오가며 기대와 절망을 되풀이해왔습니다. 말하고 나면 허망하여 글을 썼고, 쓰고 나면 답답해서 말을 했습니다. 대학 강단에서, 방송국 스튜디오에서, 혹은 광장의 청중들 앞에서 줄곧 말을 했습니다. 하지만 내 몸에서 떠난 말들을 더 이상 뒤쫓거나 덫으로 구속할 생각은 하지 않았습니다. 그래서 대학 강의를 책으로 엮거나 흑백 시절부터 해온 TV 강연을 글로 정리해본 적이 거의 없습니다.

그런데 신기한 일입니다. 2007년 CTS에서 강연한 '빵만으로는 살 수 없다'의 말들은 달아나기만 하는 낙타도, 돌고래도 아니었습니다. 양들처럼 내 곁을 줄곧 따라다니며 저희들끼리 자유롭게 풀을 뜯으며 성장해온 거지요.

제목 때문이기도 했을 겁니다. '빵만으로는 살 수 없다'는 완성된 문장처럼 보이지만 그 뒤가 비어 있습니다. 빵만으로 살 수 없다면 무엇으로 살아야 하는지 그 빈칸을 찾아 채워줘야만 합니다. 크리스천이 아니라도 그것이 성경에서 나온 말이라는 것쯤은 다 알고 있을 것입니다. 40일 동안 금식한 예수 앞에 마귀가 나타나 이 돌덩이리로 빵을 만들어보라고 합니다. 그때 하신 말씀이 바로 "사람은 빵으로만 살아갈 수 없다"입니다.

그런데 한국말 성경에는 그것이 빵이 아니라 떡이라고 되어 있습니다. 가톨릭 성찬식에서 쓰는 빵도 떡을 가리키는 한자 '병餅'을 써서 '성병聖餅'이라고 하고, 물고기 두 마리와 빵 다섯 덩이로 5천 명을 먹인 기적도 빵이 아닌 보리떡, '오병이어五餅二魚의 기적'이라고 합니다. 그런데, 왜 굳이 빵이라고 하는지 궁금해할 사람이 많을 것입니다.

그렇습니다. 그 말에 답을 찾아보고자 한 것이 바로 이 책을 쓰게 된 동기요, 이유라고 하겠습니다. 책 제목을 '떡만으로는 살 수 없다'고 했다면 어떻게 되었을까? 생각해보십시오. 아마 눈치 없는 아이들 같으면 대뜸 "그야 당근이지요. 어떻게 사람이 떡만 먹고 살아요. 밥을 먹어야지"라고 대꾸할 겁니다. 그렇다면 '떡'이 아니라 '밥'으로 고치는 것이 옳을 겁니다. 그런데 왜 '빵'이라고 했는가. 질문은 여전히 남습니다. 누군가 이 문제를 풀어야 사람들이 성경을 좀 더 가까운 거리에서 느낄 수 있게 될 것입니다. 성경 번역이 잘못되었다는 말이 아닙니다. 히브리 말이나 영어로 된 성경을 아무리 한국말로 잘 옮긴다 해도 어쩔 수 없는 것들이 생겨나게 될 것입니다. 나라와 민족마다 문화와 역사가 다르기 때문이지요.

하지만 성경은 종교 이전에 이 세상 모든 사람들의 시요, 소설이요, 드라마로 존재해왔습니다. 또한, 생생한 철학을 담은 생명의 책으로 존재해왔습니다. 성경을 바이블이라고 하는 이유도 그 때문입니다. 영어의 바이블은 그리스 말로 '책'을 뜻하는 '비블로스biblos'에서 나온 말이라고 합니다. 성스럽다거나 경전이라는 뜻이 아닌, 그냥 책입니다.

거기 담긴 것이 언어와 문화의 장벽을 넘어 역사의 골짜기를 넘어 모든 이의 손과 가슴에 가 닿을 수 있기 때문이지요. 그러니 왜 '떡'이나 '밥'이 아닌 '빵'인지를 밝힌다면 우리 손이 닿는 아주 가까운 곳에 진짜 성경 속 이야기가 펼쳐지게 될 것입니다. 하나의 암호처럼 생소한 아이콘으로 우리 앞에 가까이하기 어려운 경건함으로만 존재하던 그 책이 기독교를 믿든 안 믿든 모든 사람들의 '책'으로 아주 친한 모습으로 다가오게 될 것입니다.

나는 그동안 국문학 교수로서 학생들과 많은 문학 작품들을 읽어왔습니다. 기호학으로 텍스트 분석하는 방법도 가르쳐주었지요. 신학이나 교리는 잘 몰라도 문학으로 읽는 성경, 생활로 읽는 성경이라면 내가 거들 수 있는 작은 몫이 있을지 모른다는 생각이 들었습니다. 문학적 레토릭과 상상력, 그리고 문화적 접근을 통해 빵과 밥과 떡 사이의 거리를 좁혀줄 수 있을 지도 모른다고 생각했습니다. 비유 뒤에 숨은 문화를 알고 그 차이를 극복해 땅끝까지 가면 논밭에서 일하는 농부들의 후에들도 성경 속 유목민들이 건넜던 저 광야의 바람 소리를 들을 수 있을 것입니다. 성경의 언어들이 얼마나 아름답고 눈물겹고 황홀한 것인지를 직접 느낄 수 있을 것입니다.

신학에서 'ㄴ' 받침 하나만 빼면 시학이 되지 않습니까. 시를 읽듯이 소설을 읽듯이 성경을 읽으면 어렵던 말들이 나에게 더 가까이 다가올 것입니다. 그래서 믿는 사람이나 믿지 않는 사람이나 다 같이 읽을 수 있는 성경, 우리가 쓰러졌다 일어서는 법과 미움을 넘어서는 사랑의 수사법과 등 돌린 사람을 포옹하는 너그러운 몸짓이 무엇인지 말할 수 있게 될 것입니다. 그래서 내일의 식탁에는 우리의 배를 불리는 밥만이 아니라, 빵만이 아니라 우리의 눈과 마음까지 환하게 밝혀줄 참으로 눈부신 햇살이 가득 차게 될 것입니다.

2012. 두란노

우물을 파는 사람

기존에 발표한 글들을 주제에 맞게 발췌하여 엮은 책이다. 구체적으로 무신론자였을 때부터 기독교에 입문할 때까지의 이야기를 담고 있다. 이어령은 스스로 평생 우물을 팠다고 말한다. 이 때의 우물파기란 새로운 것에 대한 끊임없는 갈증을 비유적으로 표현한 것이다.

우물파기

성경에는 기도를 장황하게 하지 말라는 예수님의 말씀이 나옵니다. 거짓말을 하려고 하면 자연히 말이 길어집니다. 하지만 진실한 것은 단어 하나로 족할 때가 많습니다. 지금까지 써 온 제 글에서 짧은 글귀들을 뽑아 책을 내 보자는 편집자의 말에 귀가 솔깃한 것도 바로 그 때문이었습니다. 장황하기만 한 긴 글보다는 어쩌면 몇 개의 단어, 스쳐 지나가는 몇 줄의 글귀 속에 내 진실이 화석처럼 찍혀 있을지도 모른다는 기대감이었던 거죠.

'우물을 파는 사람'이라는 제목도 마찬가지입니다. 평생 내가 한 일을 한 마디로 줄이라고 하면 그와 똑같은 말이 될 것입니다. 어른들은 늘 한 우물을 파라고 했지만 나는 거꾸로 여기저기 새 우물을 파고 다녔습니다. 이곳을 파면 물이 나올까 하는 호기심과 궁금증이 바로 나의 갈증이었던 겁니다. 그래서 우물을 파다가 작은 물방울만 비쳐도 나는 금시 또 다른 갈증을 찾기 위해 그 자리를 떠나야 했지요. 그것이 나의 글쓰기이고 여기저기 전전해 온 내 직업들입니다.

파다 만 나의 우물을 더 깊이 파서 더 많은 우물물을 길어 내는 일은 타자의 몫입니다. 나에게는 그저 땅을 팔 곡괭이만 있으면 족합니다. 황무지라도 가 보지 못한 미지의 땅이 있으면 됩니다. 한 번도 가 보지 못한 땅이 나를 유혹합니다. 비록 그곳이 모래땅이라고 하더라도 그 밑에 파란 수맥이 있을 것이라는 환상. 그 모래의 밑바닥에 이르기 위해서는 더 심한 갈증이 나의 목을 태워야 합니다. 그것이 지금 내가 살고 있는 이유이고 아직도 곡괭이를 든 손을 놓지 못하는 욕망입니다.

아마 내가 기독교에 입문하게 된 것도 그런 우물파기의 하나일 것입니다. 다만 다른 것이 있다면 그것이 내가 목을 축일 수 있는 최종의 우물파기가 되어 달라는 기도였던 것이지요. 그러나 어디 글쓰기가 그렇게 쉽게 기도의 언어로 바뀔 수 있겠습니까. 잘해야 또 부스러기의 말들을 몇 개 남기는 것으로 끝나게 될지도 모릅니다.

　이 책에 엮어진 언어들, 완성되지 못한 이 쪼가리 글귀들이 바로 내 우물파기의 흔적들입니다. 마음 같아서는 모세처럼 지팡이로 바위를 쳐 사막의 갈증을 채워 보고도 싶지만 유감스럽게도 어디 내가 그런 성자가 될 수 있겠습니까. 하지만 누가 압니까. 언젠가 내가 판 우물물에서 시원한 물줄기가 솟고 그 물을 이 글을 읽어주실 여러분과 함께 마시는 기적 같은 날들이 찾아오게 될는지. 그때가 되면 우물을 파는 사람이 아니라 우물물을 마시는 사람으로 변신해 곡괭이보다는 빈 표주박을 들고 생명수를 마시기 위해 여러분이 늘어서 있는 긴 줄 뒷자리에 서 있을는지도 모릅니다.

2015. 열림원

딸에게 보내는 굿나잇 키스

세상을 떠난 딸(이민아)의 3주기를 맞아 펴낸 책이다. 딸에게 못다 한 이야기와 딸을 잃은 슬픔을 토로한 이야기가 담겨 있다. 단순한 개인 심경 표출에만 그치지 않고 보편적인 삶과 죽음의 문제를 성찰하는 지점으로까지 나아가고 있다.

인칭이 없는 글

사랑하는 사람이 세상을 떠나면 슬픔만 남는 것이 아니다. 흔히 자식은 땅이 아니라 가슴에 묻는다고 한다. 틀린 말은 아니지만, 그냥 묻어두는 것만은 아니다. 죽음은 씨앗과도 같은 것이다. 슬픔의 자리에서 싹이 나고 꽃이 피고 떨어진 자리에서 열매를 맺는다. 오히려 살아 있는 사람들보다 우리의 삶을 더 푸르게 하고 풍요롭게 하는 추임새로 돌아온다.

딸을 잃었다. 처음에는 나에게만 닥쳐온 비극이라고 생각했지만 사실 모든 사람들이 그것을 겪는다. 한 해가 가고 두 해가 가고 딸의 3주기를 맞으면서 여유가 생긴 것일까. 나와 똑같은 슬픔과 고통을 받고 있는 사람들에게 말을 걸고 싶은 생각이 든다.

당신도 그랬냐고, 그때 그 골목을 지나다가 그런 기억들이 떠올랐느냐고, 그게 죽음인데도 오히려 그 애가 태어나던 때 생각이 나더냐고.

사람들은 남에게 자기의 우는 모습이나 눈물 자국 같은 것을 보여주기를 꺼려한다. 아마도 사랑하는 사람을 잃은 사람들은 자기 울음소리가 바깥에 새나가지 않도록 수돗물을 켜놓고 울었던 기억이 있을 것이다.

그런데 결국은 마음속에 개켜두었던 글들이 급기야 이런 책이 되고 말았다. 마음과 행동이 항상 어긋나는 것이 인간들이 하는 짓이지만 이번에도 또 내 마음과는 다른 결과로 이 책이 나오게 되었다.

딸을 잃은 슬픔을 처음에는 독백처럼 썼다. 내가 나를 향해 쓴 글이다. 그런데 시간이 지나면서 독백은 대화가 되어 딸에게 이야기하는 글로 바뀌었다. 1인칭에서 2인칭으로 변한 것이다. 그러다가 다시 시간이 흐르면서 어느새 내 마음과 생각들이 3인칭으로 변하게 된다. 하나의 산문이 되고 시가 된 것이다.

이름도 얼굴도 모르는 사람들, 그들이라고 말하는 사람들,

아무 관계도 없는 사람들, 한 번도 너라고 당신이라고 불러보지 못한 사람들, 그 3인칭을 향해서 언어들이 쏠리게 된다.

내가 나에게 하는 소리인지, 이미 떠난 내 딸에게 하는 소리인지, 그리고 누군지도 모르는, 그러나 나와 똑같이 슬퍼하고 괴로워하는 사람들에게 주는 글이었는지. 잘 모르는 상태에서 그것들이 한 권의 책이 되었다.

울지마 아무것도 아니야.
구름이 흘러가고 바람이 부는 게지.
길가의 돌은 거기 있고
풀들은 가을이 오기 전까지 푸르지

울지마 아무것도 아니야.
그냥 가는 거야. 뒤돌아다 볼 틈도 없이
바삐 사라지는 것들은 뒤통수만 보여
그러니 울지마.
조금 있으면 구름도 안 보이고

바람도 불지 않아
처음부터 그랬던 것처럼
벌판에는 아무것도 없지

그때 지붕 위로 내리던 비

타다 만 휴지 조각

생각하지마
아무것도 아니야 처음부터 없었던 것.
울지마 그냥 가게 두는 거야.

 유행가 가사 같아서가 아니다. 누구보고 울지 말라고 하는 글인지, 나인지 민아인지 아니면 다른 누구인지. 한 번도 써본 적이 없는 글이다. 다듬고 수정하고 교정을 본 글들이 아니라 그냥 흘러나온 글이다. 내가 아는 사람으로부터 메일을 받았는데 "요즘은 왜인지 자꾸 울음이 난다"는 구절을 읽었을 때 아마도 그 사람에게 위로의 말로 들려주려고 쓴 글인지도 모른다.
 하지만 아직도 나는 내 딸에 대해서 쓴 이 글들이 출판되어 나오는 것에 여전히 거부감을 갖고 있다. 가시처럼 마음에 걸린다.
 다만 이 글들이 나와 내 딸만이 아니라 이 세상의 모든 딸들에게, 딸을 잃은 이 세상 모든 아버지들에게 그리고 사랑하는 이를 잃은 세상 모든 이에게 바치는 글이 되었으면 한다.

2017. 열림원

의문은 지성을 낳고 믿음은 영성을 낳는다

『빵만으로는 살 수 없다』의 개정판이다. 제목이 바뀌었을 뿐 내용은 달라지지 않았다. 기존 책 제목으로 말미암은 오해를 해소하기 위해, 또, 의문과 믿음 사이에서 방황하고 있는 자신의 마음을 그대로 표현하기 위해 제목을 바꾸었다고 한다.

아직도 문지방 위에 서 있는 사람들에게

나는 우물을 파는 사람이지 우물물을 마시는 사람이 아니라고 했다. 이번에도 똑같은 말을 해야겠다. 나는 문학이든 신앙이든 지적 호기심과 상상력을 가지고 우물을 파듯이 판다. 물이 나올 때까지. 그렇게 판 우물에서 물이 솟아나면 나는 얼른 다른 곳으로 땅을 옮기고 또다시 새 우물을 판다. 이렇게 해서 수없이 많은 책들이 태어난거다. 그 책들 하나하나가 삶에 대한, 진리에 대한 갈증인 셈이다. 그러한 책들이 내 목을 축여 갈증을 없애준 적은 한 번도 없었다. 그건 빈 두레박과 마찬가지다. 두레박은 비어 있기 때문에 다시 물을 찾는다.

"빵만으로는 살 수 없다"라는 제목으로 펴냈던 이 책 역시 내 첫 크리스천의 목마름을 위해 파낸 하나의 우물에 지나지 않는다. 역시 그 책을 쓰고 난 떠났다. 벌써 내 관심은 『빵만으로는 살 수 없다』에서 한 말들에서 멀리 떠나가버렸다. 성서에 보면 불타는 소돔의 성을 뒤돌아보았기 때문에 소금기둥이 되어버린 롯의 아내 이야기가 나온다. 나는 내가 쓴 책에 대해 뒤를 돌아다본 적이 없다. 심한 경우에는 오자나 잘못된 사실이 있어도 고치려 하지 않는다. 사람이 살아온 삶은 아무리 후회하고 반성하더라도 교정을 보듯이 또는 개정판을 내듯이 고칠 수 있는 게 아니다. 그런데 이번에 나에게는 정말 예외적인 일이 생겼다. 이미 출간된 『빵만으로는 살 수 없다』의 개정신판을 내게 된 것이다.

이름을 바꾼 이유는 간단하다. 한국의 성경에는 '빵'이 대부분 '떡'으로 번역되어 있다. 본문에서도 떡이냐 빵이냐에 대한 자세한 논의를 했다. 그러나 이것을 책 제목으로 하고 보니 많은 오해가 생겼다. 특히 "떡만으로는 살 수 없다"라 알고 있는 독실한 크리스천에게는 큰 혼란을 가져왔다. 이유는 또 있다. 정통적인 신학으로 보면 오류에 가까운 해석들이 많아 이단의 책으로 비칠 수도 있는 내용들이 있다. 신학으로, 종교인의 고정된 시점으로 읽은 게 아니라 인류 최고의 베스트셀러, 롱셀러인 바이블을 하나의 문학작품으로 즉 문학비평가의 시점으로 읽었기 때문에 종교적 해석과는 다른 점이 많다. 그래서 '문학으로 읽는 바이블'이라는 부제를 택하고, 의문과 믿음의 문지방 사이에서 아직도 방황하고 있는 내 마음을 그대로 고백한 "의문은 지성을 낳고 믿음은 영성을 낳는다"를 제목으로 삼았다.

  지성을 버려야만 영성에 도달하는 게 아니라는 것을 뼈저리게 느끼고 있기 때문에 나와 같이 아직도 문지방 위에 서 있는 많은 사람들, 특히 지식인들에게 꼭 읽히고 싶은 욕심에 이 개정신판을 내게 되었다.

2021. 위즈덤하우스

이어령, 80년 생각

《톱클래스》 편집장 김민희와의 100시간 인터뷰를 통해 나온 책이라고 소개된다. 기본적인 뼈대는 《주간조선》에 연재된 「이어령의 창조 이력서」 시리즈이다. 이어령의 일대기를 좇아가는 방식으로 내용이 전개되는바, 이를 통해 이어령의 80년 삶이 어떠했는지를 그려볼 수 있다.

20대부터 80대까지, '저항'부터 '생명자본'까지

책머리의 서문을 대신하여 가볍게 시작한 대화. 10대부터 80대까지 선생님의 생각의 꼭짓점을 훑는 게 목표였다. 그런데 난감하다. 약속한 80분이 얼마 안 남았는데 여전히 초딩 문턱에서 헤매고 있다. 언제 80세까지 도달하려나. 그래서 20대에서 80대까지 한데 묶어 질문하는 쪽으로 전략을 바꿨다.

"선생님은 문단에 데뷔한 20대부터 시대의 고비마다 내세운 모토들이 있으셨죠. 그 키워드를 나열하는 것만으로 80년 생각의 지도를 얼추 그려볼 수 있다고 생각해요. 20대에는 한국 문단을 놀라게 한 '저항'이라는 키워드를 제시하셨어요. '우상의 파괴'라는 그 도전적 선언 말이에요. 30대에는 '흙 속에 저 바람 속에'로 한국의 근대화와 산업화의 키워드가 된 '신바람 문화', 40대에는 일본을 놀라게 한 '축소지향의 문명', 50대에는 세계에 충격을 던진 '벽을 넘어서'의 올림픽 슬로건, 그리고 60대에 들어서 IT 정보화시대가 되자 산업화의 키워드를 한 번 더 꺼내시면서 '산업화는 늦었지만 정보화는 앞서가자'고 하셨어요. 새천년을 맞이할 무렵에는 즈믄둥이의 이벤트로 생명탄생의 고귀함을 담은 메시지와 함께 '새천년의 꿈, 두 손으로 잡으면 현실이 됩니다'라면서 미래의 비전을 보여주셨고요.

이렇게 시대의 고비마다 역사의 이정표 같은 생각의 기둥을 세우시더니, 70대 이후에는 후기 정보화시대의 키워드로 '디지로그' 이론을 펼치셨지요. 그리고 리먼 브라더스의 금융 파동을 겪으면서 『생명이 자본이다』라는 책으로 생명화 시대의 도래를 예언하시기도 했어요. 그런데 코로나 사태로 비대면이 일상화되자 모든 사람들은 아날로그의 '접촉'과 디지털의 '접속'이 택일적인 것이 아니라 상호보완 관계과 그 균형에 있다고 하셨던 선생님의 말을 실제로 경험하게 되었지요. 인류는 코로나 팬데믹으로 생명 가치가 어떤 가치보다 우선한다는 '생명화 시대'를 실천하게 되었고요. 처음 선생님이 '생명경제'라는 말을 꺼내셨을 때 학자들이 시큰둥했던 것이 기억납니다. 그런데 최근 유럽 최고의 석학으로 꼽히는 자크 아탈리가 포스트 코로나 시대에 인류의 비전은 '생명경제'라는 『생명경제로의 전환 L'economie de la via』이라는 책을 냈어요. 선생님의 '생명자본'에 대한 이야기들은 이미 본문의 대화를 통해서 자세히 들었는데요, 지금은 또 다른 것이 보이실 것 같아요. 포스트 코로나 세상에 던지실 키워드는 무엇인지, 2020년 미수를 맞이하신 88세의 생각은 어떤 것인지 큰 점 하나를 찍어주시기 바랍니다."

'눈물 한 방울'을 마지막으로……

질문자 입장에서는 쉽지만, 답변자 입장에서는 답하기 어려운 거대한 질문을 투척했다. 시간이 없다는 말씀에 울컥한 마음을 숨기기 위해, 그리고 더 이상 선생님의 시간을 빼앗지 않기 위해 대화의 종지부를 서둘러 찾으려 했다는 것이 정직한 이유일지 모른다. 그러나 대화는 오히려 이제부터였다.

"'눈물 한 방울.' 이 말을 마지막으로 이 시대에 남기고 싶어."

귀를 의심했다.

"지금 '눈물 한 방울'이라고 하셨나요? 80년 생각의 대미를 장식하는 키워드로서는 좀 약하고 감성적인 것 아니에요?"

뜻밖의 눈물 이야기에 마음이 요동쳤다. 자연스레 선생님의 병중, 마지막 우물 파기 등이 떠오르면서 마음을 단단히 먹으려고 나도 모르게 무례한 질문을 하고 말았다. 그러나 선생님과의 대화가 늘 그랬듯 이번에도 내게 날아온 역질문에서 반전의 드라마가 펼쳐진다.

"인류 역사상 가장 오래되고 널리 알려진 문학작품이 뭐지?"

"그야 호메로스의 『일리아드Ilias』와 『오디세이Odysseia』 아닐까요."

"정답. 그런데 그 이야기가 눈물로 시작해서 눈물로 끝나는 작품이라고 하면 수긍하겠어요? 설마 하겠지. 영웅들의 전쟁 이야기인데 핏방울이면 몰라도 눈물 한 방울이라니 누가 그 말을 곧이 믿겠어. 하지만 사실이야. 다시 읽어보자고. 『일리아드』는 자신이 사워서 얻은 여인 브리세이스를 아가멤논 총대장이 차지한 것에 분루를 흘리며 어머니 테티스에게 억울함을 호소하는 아킬레스의 눈물로 시작해."

"듣고 보니 그렇네요."

"그런데 그 대장편 서사시의 마지막 역시 친구인 파트로클로스의 죽음을 서러워하는 아킬레스의 눈물로 끝나. 아킬레스만이 아니라 적진 트로이의 프리아모스 왕 역시 죽은 아들 헥토르에 대한 슬픔과 무상함을 아킬레스에게 눈물로 호소하지. 그 눈물의 힘으로 시체를 인도받고 함께 싸움을 멈추고 성대한 장례식을 치르는 장면으로 끝이 맺어져."

"놀랍네요. '한오백년'을 부르는 우리만 눈물을 좋아하는 줄 알았는데요."

"눈물로 치면 우리가 그리스보다 선진국이지. 펄 벅이 한국에 와서 거문고 산조를 듣고 했던 말이 있어. '저건 악기 소리가 아니라 사람이 울음을 참으며 흐느끼는 소리다'라고 했지. 그런데 우리는 그 한을 푸는 쪽으로 눈물을 흘렸잖아. 표현이 좀 이상하지만 소비적인 눈물이었던 거지. 한은 푸는 것보다 품을 때 생각과 창조의 원동력이 될 수 있어."

해설

홍래성
(서울시립대학교 의사소통교실 객원교수)

일곱 가지 언어로 만들어낸 성채(星彩/城砦)

홍래성
(서울시립대학교 의사소통교실 객원교수)

이 책은 이어령의 서문 모음집이다. 물론, 『저항의 문학』(경지사, 1959)을 세상에 내어놓은 이후, 그 수를 헤아리기 어려울 만큼 무척 많은 저서를 지금껏 남겨온 이어령이기에, 이 책에 수록된 서문은 한낱 빙산의 일각일 뿐이다. 그저 에세이 성격의 저서만을 대상으로 삼았을 따름이며, 그중에서도 일부만을 선별하여 실었을 따름이다.[*]

보통 서문이라고 하면, 책을 내게 된 경위를 소개하고, 책의 내용이나 성격에 대해 간단히 언급하며, 도움 준 이들을 향해

---

[*] 장을 나누고, 장마다 제목을 붙이고, 장별로 포함될 서문을 정하는 등 이 책과 관련한 모든 구성은 이어령 선생님께서 직접 하신 것이다. 더하여, 이어령 선생님께서는 자신이 쓴 저서가 방대한 만큼 단권이 아닌 시리즈로 서문 모음집을 기획하셨다. 차후에도 후속작이 차질없이 발간되기를 기대한다.

감사 인사를 드리는 정도로 꾸려지기 마련이다. 하지만, 이어령의 서문은 그렇지 않다. 일찍이 ≪문학사상≫의 권두언을 모아낸 『말』(문학세계사, 1982)이 보여준 것처럼, 이어령의 서문은 하나하나가, 그리고, 그 전체가 한 편의 아포리즘^{Aphorism}이다. 주제별로 묶인 일곱 개의 장 속 서른여덟 편의 서문은 각자의 역할을 하면서도 하나의 유기체로 작동하는바, 읽는 이에게 사색할 거리를 제공하고 깊이 있는 통찰을 제시한다. 그런 까닭에, 이 책은 서문 모음집일지언정 단순한 색인索引 같은 것이 아니라 완성된 작품이라고 보아도 무방하다.

 '뿌리의 언어', '불꽃의 언어', '젊음의 언어', '바람의 언어', '바다의 언어', '생명의 언어', '영혼의 언어'라는 장 제목은 아주 인상적이자 직관적이어서 그 각각에 수록된 서문이 어떠한 성격인지를 잘 알려준다. 개별 서문도 특유의 화술로 인해 전혀 어렵지 않으며 차라리 술술 읽힌다. 따라서, 과분하게도 '해설'을 맡게 되었으되, 막상 무언가를 풀어서 설명할 만한 대목이 마땅치 않다. 다만, 사족을 붙인다는 우려를 떨치지 못했음에도, 전체적인 맥락 이해에 보탬이 되었으면 하는 바람을 담아, 각 장과 관련한 개괄적인 소개를 두세 문단 정도로 간단히 붙여두고자 한다.

1장 뿌리의 언어 :

　이어령은 『흙 속에 저 바람 속에』(1963)에서부터 『너 어디에서 왔니(한국인 이야기─탄생)』(2020)에 이르기까지 전 생애에 걸쳐 정열적으로 '한국문화', '한국인'에 대한 탐사를 수행했다. 이는 자신의, 또, 우리의 뿌리를 찾는 과정이었다. 이어령은, 일상적인 것에서 의미를 도출해내는 방법을 비롯하여, 문학작품을 상상력으로 풀어내는 방법, 서양과의 비교·대조를 통해 한국의 특수성을 포착해내는 방법 등 참으로 다양한 방법을 구사했다. 이어령의 이러한 시도가 독자들에게 공감력 있게 설득력 있게 받아들여졌음은 두 말이 필요 없다.

　이어령의 한국문화, 한국인에 대한 탐사를 좇아가다 보면, 크게 보아 두 가지 특징이 확인된다. 하나는 한국문화, 한국인을 바라보는 시선이 안타까움에서 자부심으로 조금씩 변화한다는 것이다. 다른 하나는 한국문화, 한국인에 다가서는 시야가 점차 확장된다는 것이다. 이러한 두 가지 특징은 한국의 경제, 사회, 정치, 문화 등이 변모함에 따라, 또, 이어령이 대가大家로서의 위상을 갖추어가는 과정에 따라 자연스레 발생한 것으로 이해된다.

이 장에 수록된 서문들을 통해 간략하게나마 이어령의 한국 문화, 한국인에 대한 탐사를 확인할 수 있을 것이다.

2장 불꽃의 언어 :

초창기의 이어령을 설명하는 대표적인 단어란 바로 '저항'이다. 여기서 저항은 좁게 보면 문단 내 기득권층을 향한 비판을 의미한다. 이어령은 신진 문인들 가운데서 그 누구보다도 맹렬하게 김동리, 서정주, 조연현 등의 기성들을 공격했다. 일각에서는 이러한 이어령의 공격을 두고서 문단 내 입지를 확보하기 위한 전략적 태도라고 폄하하기도 했다. 하지만, 이어령의 공격은 많은 이들에게 공감을 샀으며, 그런 만큼 파급 효과도 상당히 컸다. 그 결과, 이어령은 전후세대를 대표하는 비평가로 금세 떠오를 수 있었다.

한편으로 저항은 넓게 보면 6·25 전쟁 이후의 엄혹한 현실을 극복하기 위한 모색을 의미한다. 이어령은 실존주의에 대해 깊이 있게 고찰하는 작업, 서구 신세대의 풍경을 탐사하는 작업, 한국의 현재 세대를 분석하고 한국의 미래 세대에게 조언하는 작업 등을 통해 나름대로 대안을 마련해보고자 했다.

이 장에 수록된 서문들을 통해 간략하게나마 이어령의 저항이 어떤 것이었는지를, 또, 얼마나 불꽃 같은 것이었는지를 확인할 수 있을 것이다.

3장 젊음의 언어 :

'청년문화'를 논하는 자리에서 절대 빠질 수 없는 인물이 바로 이어령이다. 1960년대쯤부터 이어령은 청년문화와 관련한 담론을 주도적으로 이끄는 역할을 수행했다. 이는 이어령이 지닌 바의 사명감으로부터 비롯된 것이었다. 이어령은 4·19혁명 당시 군중들의 가두 행렬을 보면서 해방 후 시대와 전후 시대가 끝났음을, 이제 젊은 세대들의 시대가 열리고 있음을 직감했다고 밝힌 적이 있다.

이어령은 서구의 청년들의 문화를 소개하는 글, 한국의 청년들에게 제언하는 글 등을 발표했다. 또한, 한국의 과거를 반추하고 현재를 분석하고 미래를 전망하는 글, 현대 문명을 비판하면서 정신적 주거지를 찾고자 한 글 등도 발표했다. 더하여, 새천년을 맞이하는 시점에 이르러서는 젊은 세대들을 향해 새 시대를 이끌어가는 동력인 '창조 지성'을 키워야 한다고 설파했다. 이 모두가 큰 반향을 일으켰음은 두 말이 필요치 않다.

이 장에 수록된 서문들을 통해 간략하게나마 젊은 세대들을 바라보는 이어령의 시선을, 또, 젊은 세대들에게 건네는 이어령의 조언을 확인할 수 있을 것이다.

4장 바람의 언어 :

이어령은 고정된 스타일의 글쓰기가 아니라 여러 가지 스타일의 글쓰기를 구사했다. 그 가운데서는 깊은 사색을 담았으되 생활 담론의 성격을 띤 글이 적지 않았거니와, 글의 형태도 경구시Epigram, 강연 기록, 수필 등과 같이 다양했다. 대표적으로 두 가지만 소개하면 다음과 같다.

먼저, 자전적 성격의 글이 주목된다. 여기서는 유년기 시절 이어령의 개인사, 가족사가 담겨있다. 무엇보다 어머니가 여러 가지 은유적인 표현(책, 나들이, 뒤주, 금계랍, 귤, 바다 등)으로 의미화되고 있음이 특징적인데, 이 대목은 이어령의 문학적 원천을 유추해볼 수 있다는 점에서 큰 가치를 지닌다. 다음으로, 여성과 관련한 문제를 심도 있게 고찰한 글이 주목된다. 『저 물레에서 운명의 실이』(범서출판사, 1972)이 대표적인 저서에 해당하거니와, 이를 살펴보면 남녀가 화합해야 한다는 주장과 함께, 남녀 간의 수평적 관계를 지향해야 한다는 주장이 일찍부터 펼쳐졌음을 확인할 수 있다.

이 장에 수록된 서문들을 통해 간략하게나마 이어령의 인생관, 여성관 등이 어떠했는지를 확인할 수 있을 것이다.

5장 바다의 언어 :

이어령은 외국과 관련한 글을 많이 남겼다. 한국문화, 한국인을 이해하기 위한 하나의 수단이 바로 외국을 비교·대조의 잣대로 활용하는 것이었던 까닭이다.

초창기 이어령은 서양을 주목했다. 전후세대에 속하는 이어령에게 서양이란 당장은 참고해야 할 대상이자 언젠가는 넘어서야 할 대상으로 여겨졌다. 『바람이 불어오는 곳』(현암사, 1965), 『서양에서 본 동양의 아침』(범서출판사, 1975) 등이 대표적인 성과로 들 수 있다. 한편, 1980년대로 접어들면서부터 이어령의 주된 관심은 서양 쪽에서 일본 쪽으로 돌려졌다. (비록 이 책에는 포함되지 않았지만) 『축소지향의 일본인』(갑인출판사, 1982)은 그 제목처럼 '축소'라는 키워드로 일본을

명료하게 해석해낸 역작이고, 『하이꾸 문학의 연구』(홍성사, 1986), 『축소지향의 일본인 그 이후』(기린원, 1994)도 간과해서는 안 되는 결과물이다. 이 밖에도 이어령은 서양 지성인들과의 대화를 엮어내는 작업, 서양 정전正典을 해설하는 작업을 수행했다. 또한, 이어령은 근자에 이르러 한·중·일을 함께 아우르는 단계로까지 시야를 확장했다.

이 장에 수록된 서문들을 통해 간략하게나마 외국에 대한 이어령의 분석을, 나아가, 한국문화, 한국인을 되새기는 이어령의 통찰을 확인할 수 있을 것이다.

6장 생명의 언어 :

이어령은 남들보다 늘 한발 앞서서 이 시대가 나아가야 할 방향을 제시했다. 새로운 밀레니엄 시대를 앞둔 1990년대 말에는 '산업화는 늦었지만 정보화는 앞서가자'라는 슬로건을 내걸어 한국이 본격적으로 정보화 시대로 진입하는 계기를 제공했다. 밀레니엄 시대로 접어든 2000년대 중반에는 아날로그와 디지털을 결합한 '디지로그'라는 단어를 만들어 정보화 시대에서의 새로운 전환점을 제시했다.

2010년대에 이르자 이어령은 역시나 한발 앞서서 이제는 '생명자본주의' 시대로 나아가야 한다고 예견했다. 구체적으로 이어령은 근대화, 산업화를 거치는 동안 경시, 소외되었던 생명을 주목해야 한다고 설파했거니와, 동시에, 이러한 생명을 밑천으로 삼아 기쁨도 주고 감동도 주어야 한다고 설파했다.

이 장에 수록된 서문들을 통해 간략하게나마 이어령이 보여준 선각자, 선지자로서의 모습을 확인할 수 있을 것이다.

7장 영혼의 언어 :

2007년 이어령이 세례를 받고 기독교 신자가 되었다는 소식은 그야말로 장안의 화제였다. 여태껏 무신론자를 자처했다는 사실, 일흔 살이 넘는 늦은 나이였다는 사실 등으로 말미암아 그 충격은 더욱 크게 다가왔다. 이어령이 기독교로 귀의하게 된 이유로는 딸 이민아의 암 투병 생활을 많이들 들곤 한다.

기독교와 관련된 이어령의 대표적인 저서는 다음과 같다. 『어느 무신론자의 기도』(문학세계사, 2008)에서는, 시의 형식을 취해서 사랑, 상실, 슬픔, 전율, 회한 등의 여러 감정이 뒤섞인 상태로 하나님을 향한 고백을 보여주고 있다. 『지성에서 영성으로』(열림원, 2010)에서는, 세례를 받기 전부터 세례를 받은 후까지의 긴 시간 동안 어떤 심정을 품고 있었는지를 보여주고 있다. 『빵만으로 살 수 없다』(열림원, 2011)에서는, 기호학적인 입장에서 새로운 성격을 읽어내고자 한 시도를 보여주고 있다.

이 장에 수록된 서문들을 통해 간략하게나마 지성과 영성의 갈림길에서 치열하게 고민해온 이어령의 모습을 확인할 수 있을 것이다.

※ 덧붙이는 말 – 이어령 선생님을 떠올리며

선생님이 작고하셨다. 이 책의 발간을 며칠 앞둔 시점이었다. 이 책의 가제본을 들고서 국학자료원 정구형 대표, 그리고 아내와 함께 선생님을 찾아뵈었을 때의 기억이 아직 생생하다. 그때도 선생님의 건강이 많이 악화된 상태였던지라 오랜 시간 만나지는 못했으나, 선생님은 이 책의 반응이 좋아서 계획한 대로 서문 모음집 시리즈가 이어졌으면 한다는 바람을 내비치셨고, 또, 이 책의 표지가 잘 만들어졌다고 흡족해하셨다. 조만간 정식으로 이 책이 발간되면 다시 찾아뵙겠다고 인사를 드리며 돌아섰는데, 그것이 선생님과의 마지막 만남인 줄은 차마 상상조차 하지 못했다. 첫 만남 때부터 자신의 죽음에 관한 이야기를 꺼내셨던 선생님이지만, 또, 비교적 근래에 와서는 이제 곧 자신은 이 세상에 없을 거라고 되풀이 말씀하셨던 선생님이지만, 아무리 곱씹어보아도 '이어령'이라는 고유명사로 불리는 이 거대한 인물이 부재하리라는 생각 같은 것은 가능하지 않았다. 도무지 실감 나지 않는 일에 다름 아니었기 때문이다.

내가 선생님을 처음 뵌 것은 2019년 7월 12일 선생님의 서재에서였다. 그 당시 나는 선생님을 대상으로 삼은 박사학위논문이 심사를 통과하여 막 인쇄를 마친 상태였다. 지금 생각하면 무슨 자신감에서 그랬는지 모르겠으나, 나는 무턱대고 영인문학관을 찾아가 부끄럽고 부족하기 그지없는 나의 박사학위논문을 놓아두고 왔다. 특별한 기대나 의도가 있어서 그랬던 것은 아니었다. 그저 선생님이 책장을 한번 넘겨나 보셨으면 하는 바람이 전부였다. 그런데, 뜻밖에도 며칠 후 영인문학관으로부터 연락이 왔다. 나의 박사학위논문을 몇 부 더 가져다줄 수 있느냐는 것이었다. 이번에는 혹시 뵐 수 있지 않으려나 하는 들뜬 마음을 품고서 나는 영인문학관으로 곧장 달려갔다. 운이 좋게도 선생님의 일정은 때마침 비어있었다. 그렇게 나는 선생님의 서재에 비로소 첫발을 들이게 되었다.

모든 사람이 입 모아 말하는 선생님의 박학다식함을 여기서 구태여 길게 늘어놓을 필요는 없을 것이다. 나 역시 분야를 가리지 않고 펼쳐지는 선생님의 지식에 놀라움을 금치 못했다는 사실만 언급해두면 충분할 것이다. 그보다 나는 선생님의 '따듯함'에 대해 이야기를 해두고 싶다. 그것은 내가 선생님을 글로만 접했을 때는 전혀 알 수 없었던, 선생님을 실제로 여러 차례 뵙고 난 다음에야 느낄 수 있었던 감정이었다.

선생님은 정말로 따듯한 분이셨다. 선생님은 자신의 설명을 따라오지 못하는 둔한 나를 앞에 두고서도 절대로 목소리를 높이시는 법이 없었다. 답답함이 왜 없으셨겠는가마는 내가 충분히 이해할 수 있을 때까지 예시나 비유를 들어가면서 같은 말을 계속해서 풀어주셨다. 또한, 선생님은 늘 무언가를 나에게 베풀고자 하셨다. 선생님의 서재에서 나올 때는 과자나 커피, 심지어 명절 선물 세트까지가 내 손에 들려져 있었다. 아기가 태어났다는 말을 들으시고는 기저귀를 비롯한 여러 유아용품을 보내주신 적도 있다. 이 밖에도 세세한 기억이 참 많다. 나는 선생님이 보여주신 따듯함을 평생 잊을 수 없다.

선생님은 자신이 겪은 바의 문단과 관련된 이야기를 종종 해

주셨다. 그 가운데서는 김수영과 관련한 대목이 특히 인상적이었다. 선생님은 '불온시 논쟁'으로 인해 자신과 김수영 간의 관계가 참 나빴을 것으로 생각하는 사람이 많겠지만, 정작 자신과 김수영은 종종 만나서 의견을 나누는 사이였으며, 더러는 조지훈 선생댁에서 함께 잠을 잔 적도 있다고 하셨다. 책에서는 접할 수 없는 내용을 들을 때마다 나는 흥미로움을 감출 수 없었다.

한편으로, 선생님은 이런저런 사정으로 젊은 시절에는 미루어두었던 '문학 연구'를 자신의 불꽃이 꺼지기 전까지 힘닿는 대로 진행해보고자 하셨다. 향가, 구운몽 등의 고전 작품부터 이상, 이효석, 황순원 등의 현대 작가까지를 기호학의 방법을 활용하여 재해석해내려는 포부가 있었던 것이다. 선생님의 머릿속에는 이미 그 전부가 완성되어 있었지만, 안타깝게도 머릿속에 있는 것을 글로 풀어내어 완성할 만큼의 충분한 시간이 선생님에게는 주어지지 않았다. 그런 까닭에, 선생님은 전체가 아닌 일부만이라도 자신이 남긴 기록을 바탕으로 후학들이 원고를 채워주길 바라셨다. 나는 선생님의 이와 같은 뜻이 언젠가 꼭 이루어지기를 기대한다.

예상보다 길어졌으나, 또, 멈추지 않으면 한없이 길어질 수밖에 없기에, 나는 이쯤에서 선생님에 대한 회상을 마무리 짓고자 한다.

선생님, 저는 평생토록 선생님을, 선생님이 남기신 수많은 글을 소중히 기억하겠습니다. 그리고, 미약하나마 선생님의 발자취를 따르고자 끝없이 노력하겠습니다. 3년 남짓의 길지 않은 시간이지만, 선생님을 만나 뵐 수 있어서 참으로 행복했습니다. 평안하시길 기도합니다.

이어령의 머리말 모음
책 한 권에 담긴 뜻

초판 1쇄 인쇄일	2022년 3월 2일
초판 1쇄 발행일	2022년 3월 9일

지은이	이어령
펴낸이	한선희
편집/디자인	우정민 우민지 김보선
마케팅	정찬용
영업관리	정진이 정구형
책임편집	정구형
표지사진제공	김용호
인쇄처	신도인쇄/가원제책사
펴낸곳	국학자료원 새미(주)
	등록일 2005 03 15 제251002005000008호
	경기도 고양시 일산동구 중앙로 1261번길 79 하이베라스 405호
	Tel 02 442 4623 Fax 02 6499 3082
	www.kookhak.co.kr
	kookhak2001@hanmail.net

ISBN	979-11-6797-040-4 *03810
가격	14,500원

* 저자와의 협의하에 인지는 생략합니다.
잘못된 책은 구입하신 곳에서 교환하여 드립니다.
국학자료원·새미·북치는마을·LIE는 국학자료원 새미(주)의 브랜드입니다.